ビジュアル版

日本の世界遺産 パーフェクトガイド

改訂版

「日本の世界遺産」編集室 著

メイツ出版

はじめに

世界遺産とは、地球の生成と人類の歴史によって生み出され、過去から現在へと引き継がれてきたかけがえのない財産です。現在を生きる世界中の人びとが、人類共通の遺産として「国際的」に保護・保全していくことが必要です。

2024年には、世界遺産条約締約国は196か国となり、世界遺産総数は1223件（文化遺産は952件・自然遺産は231件・複合遺産は40件）にのぼりました。ちなみに、自然災害や紛争、開発、密猟などによって価値を損なう恐れのある危機遺産は56件もあり、登録を抹消された世界遺産は3件あります。

日本は1992年に125番目の締約国として世界の仲間入りを果たしました。1993年、白神山地（P175）、姫路城（P183）、法隆寺地域の仏教建築物（P189）、屋久島（P197）の世界遺産登録を皮切りに、現在は26の文化遺産・自然遺産があります（2024年10月現在）。

2024年7月に開催されたユネスコ世界遺産委員会で、「佐渡島の金山」が登録の審議で可決され、日本において26番目の世界遺産となりました。

本書では、日本国内にある文化遺産・自然遺産をわかりやすく解説。登録待ちの候補もすべて紹介しています。

日本の世界遺産 ビジュアル版 パーフェクトガイド

—— 改訂版 ——

目次

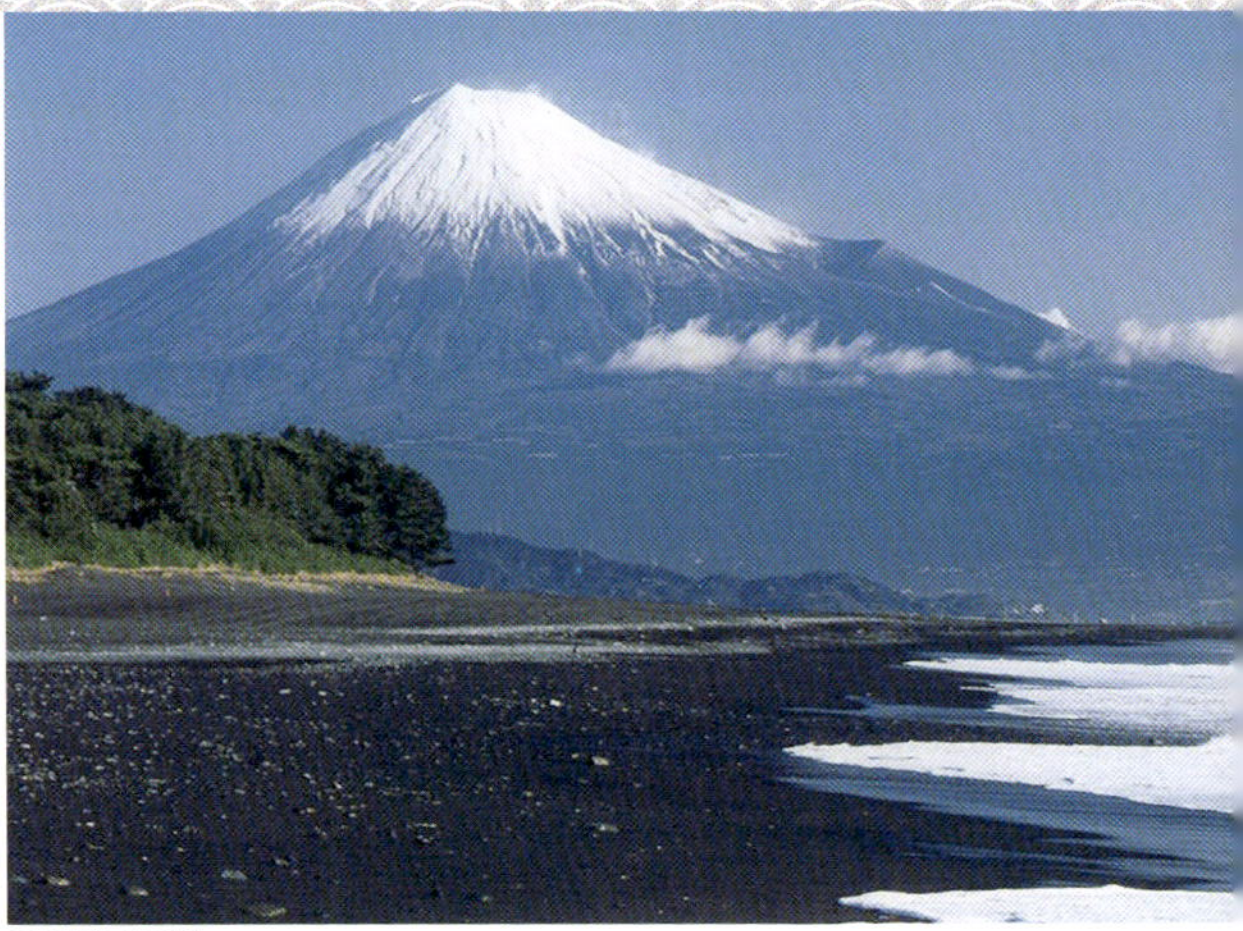

写真提供:静岡県

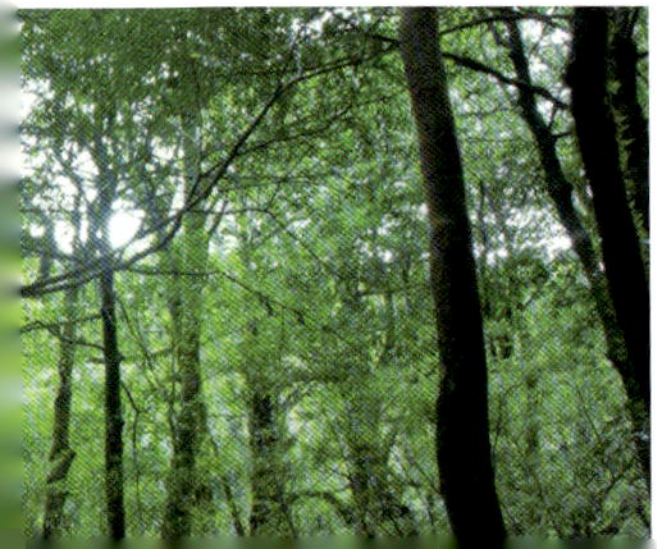

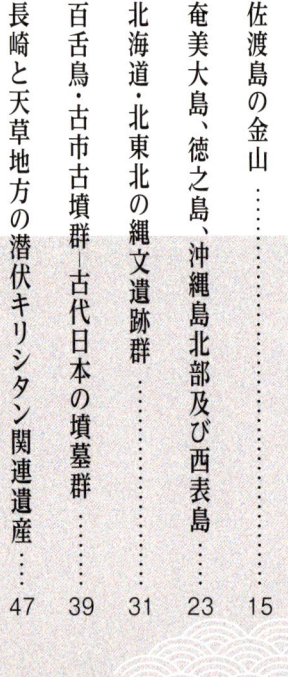

日本の世界遺産　暫定リスト……205

※本書は2021年発行の『日本の世界遺産　ビジュアル版パーフェクトガイド』の内容の確認と一部必要な修正、および2024年までに登録された遺産の追加を行い、改訂版として発行したものです。

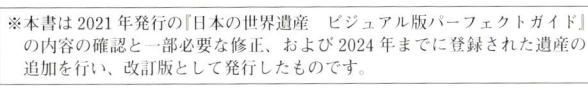

20.ル・コルビュジエの建築作品《けんちくさくひん》
—近代建築運動《きんだいけんちくうんどう》への顕著《けんちょ》な貢献《こうけん》— p59

21.「神宿《かみやど》る島《しま》」宗像《むなかた》・沖ノ島《おきのしま》と関連遺産群《かんれんいさんぐん》 p53

22. 長崎《ながさき》と天草地方《あまくさちほう》の
潜伏《せんぷく》キリシタン関連《かんれん》遺産 p39

23. 百舌鳥《もず》・古市古墳群《ふるいちこふんぐん》-古代日本《こだいにほん》の墳墓群《ふんぼぐん》 p39

24. 奄美大島《あまみおおしま》、徳之島《とくのしま》、沖縄島北部《おきなわじまほくぶ》
及び西表《いりおもて》島 p23

25. 北海道《ほっかいどう》・北東北《きたとうほく》の縄文《じょうもん》遺跡群 p31

26. 佐渡《さど》島の金山《きんざん》 p15

日本の世界遺産 26カ所

2024年10月現在

写真提供：
広島観光コンベンションビューロー

※本ページの世界遺産の番号は、登録された年順（同年の場合は50音順）を示したものです。また、この本は2024年10月31日現在までの情報を基に制作しています。

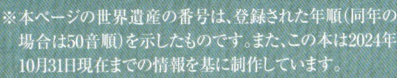

世界遺産とは？

世界遺産は人類共有の遺産

世界遺産とは、1972（昭和47）年のユネスコ総会で採択された「世界の文化遺産及び自然遺産の保護に関する条約」（いわゆる世界遺産条約）に基づいて保護・保全が行われている「建造物」や「自然」を指すものである。

世界遺産条約は、エジプトでダムの建設が行われるとヌビア遺跡（アブ・シンベル神殿など）が水没してしまうことから、世界60カ国の支援と技術協力により遺跡の移築が行われたことがきっかけで考案された。時を同じくしてアメリカ合衆国でも「世界遺産トラスト」が提唱されており、優れた自然景観を守るための国際的な枠組みづくりが進行中であった。こうした二つの運動が合流したことで、1972（昭和47）年にフランス・パリのユネスコ本部で開催された第17回ユネスコ総会で世界遺産条約が締結されたのである。

2024年に行われた世界遺産委員会終了の時点で、条約締約国は196カ国、登録件数は1223件になっている。

水没を免れたヌビア遺跡にあるアブ・シンベル神殿

世界遺産委員会について

世界遺産条約に基づき組織される委員会であり、締約国の中から文化的・地域的に偏りが出ないように選出された21カ国により構成されている。任期は原則として6年であり、2年に1度開催される世界遺産条約締約国総会で3分の1にあたる7カ国が改選。世界遺産委員会は原則として毎年1回開催されており、新規登録遺産や拡大案件の審議、登録遺産の継続監視や技術支援、世界遺産基金の用途の決定を行っている。

世界遺産の登録基準

世界遺産には「登録基準」といって、いずれか一つ以上を満たさなければならない条件が10個存在する。この条件の（1）～（6）のうち一つ以上の条件を満たしたものは「文化遺産」に、（7）～（10）のうち一つ以上の条件を満たしたものは「自然遺産」に分類。また、文化遺産と自然遺産の両方に合致するような遺産の場合は「複合遺産」として登録される。

２０２４年に「佐渡島の金山」が新たに登録された。日本には文化遺産が21件、自然遺産が５件となり、全部で26件の世界遺産があることになる。

世界遺産の登録基準

1	人類の創造的才能を表す傑作である
2	建築、科学技術、記念碑、都市計画、景観設計の発展に重要な影響を与えた、ある期間にわたる価値観の交流又はある文化圏内での価値観の交流を示すものである
3	現存するか消滅しているかにかかわらず、ある文化的伝統又は文明の存在を伝承する物証として無二の存在（少なくとも希有な存在）である
4	歴史上の重要な段階を物語る建築物、その集合体、科学技術の集合体、あるいは景観を代表する顕著な見本である
5	あるひとつの文化（または複数の文化）を特徴づけるような伝統的居住形態若しくは陸上・海上の土地利用形態を代表する顕著な見本である。又は、人類と環境のふれあいを代表する顕著な見本である（特に不可逆的な変化によりその存続が危ぶまれているもの）
6	顕著な普遍的価値を有する出来事（行事）、生きた伝統、思想、信仰、芸術的作品、あるいは文学的作品と直接または実質的関連がある（この基準は他の基準とあわせて用いられることが望ましい）
7	最上級の自然現象、又は、類まれな自然美・美的価値を有する地域を包含する
8	生命進化の記録や、地形形成における重要な進行中の地質学的過程、あるいは重要な地形学的又は自然地理学的特徴といった、地球の歴史の主要な段階を代表する顕著な見本である
9	陸上・淡水域・沿岸・海洋の生態系や動植物群集の進化、発展において、重要な進行中の生態学的過程又は生物学的過程を代表する顕著な見本である
10	学術上又は保全上顕著な普遍的価値を有する絶滅のおそれのある種の生息地など、生物多様性の生息域内保全にとって最も重要な自然の生息地を包含する

世界遺産の分類

下の図のように、世界遺産は三つに分類することができる。どれも「顕著で普遍的な価値を持っている」ことが条件になっており、記念物や建造物、地形や生物という対象の違いと、登録基準によって分けられている。

また、人類の犯した凄惨なできごとを記録し、遺産を戒めとすることで繰り返しを防ごうとする遺産に「負の遺産」と呼ばれるものがある。（詳細はＰ１５４）他にも、ベリーズサンゴ礁保護地域のように、自然遺産に登録されたが観光開発による環境の悪化から「危機にさらされている世界遺産」のカテゴリに分けられているものもある。

世界遺産

文化遺産 | 自然遺産 | 複合遺産

世界の場合

タージ・マハル

ガラパゴス諸島

マチュピチュの歴史保護区

日本の場合

日光東照宮

屋久島

複合遺産該当無し

ベリーズサンゴ礁保護地域にあるグレート・ブルー・ホール

世界遺産に登録されるには…

世界遺産に登録されるためには、「1・世界遺産条約を締結していること」「2・登録を目指す物件につき、暫定リストを作成し、ユネスコ世界遺産センターへ提出してあること」「3・登録を目指す物件は土地と一体になった物件（不動産）であること」「4・登録を目指す物件は、国の法律で確実に保護されていること」「5・登録を目指す物件は登録基準の一つ以上に当てはまり、完全性、真実性を満たしていること」という、五つの条件がある。

細かく見ていくと、条件は文化財の場合、文化財保護法や国の史跡として指定されていること、自然遺産の場合は自然環境保全法、自然環境保全地域に含まれていることなどが条件となる。

また、条件5の「完全性」や「真実性」とは、長期間の保護制度が確立されていることと、登録資産が本物、もしくは歴史を持っていることという意味である。

日本の資産例

登録資産名	小笠原諸島
遺産種別	自然遺産
登録基準	9
暫定リスト記載年	2007 年
登録年	2011 年
登録資産面積	コアゾーン 7,939ha
所在地	日本：東京都 小笠原村
保護	自然公園法
	自然環境保全法
	国有林野の管理・経営に関する法律
	鳥獣保護法
	文化財保護法

世界遺産登録までの流れ

流れの起点となる「暫定リスト」は、各国の政府機関がユネスコ世界遺産センターに提出するリストのことである。日本の場合では文化遺産候補を文化庁、自然遺産候補は林野庁が主に担当し、それ以外にも国土交通省や文部科学省が参加する「世界遺産条約関係省庁連絡会議」で推薦物件が決まる。

原則として文化遺産に関しては、暫定リストに含まれていなければ世界遺産に選ばれることはないが、地震や災害、紛争などの不測の事態で遺産自体が危機にある場合は、「緊急推薦登録に関する条項」に従って、暫定リストを飛び越して正式登録が決定されることもある。この条項によって選定された世界遺産として、2003年に登録されたイラクのアッシュールなどが挙げられる。

世界遺産登録までの流れ

登録を求める地域の担当政府機関が候補地推薦・暫定リストの提出を行う

↓

ユネスコ世界遺産センターが評価依頼

↓

文化遺産候補は国際記念物遺跡会議（ICOMOS／イコモス）が現地調査し報告。文化景観に関しては、IUCNとも協議が行われる場合がある

自然遺産候補は国際自然保護連合（IUCN）が現地調査し報告

↓

イコモスによる審査（現地調査・書類審査）

↓

イコモス勧告

↓

世界遺産委員会で最終審議

↓

正式登録

世界遺産面積

これまでコアゾーン（Core Zone/ 核心地域）とバッファゾーン（Buffer Zone/ 緩衝地域）の二種類に分けられていた。コアゾーンは、その名の通り遺産の核心となる場所のこと。バッファゾーンは、コアゾーンを保護するために必要となる利用制限区域のことを指す。近年、コアゾーンはプロパティ（資産）ゾーンという呼び名になったが、本書では登録遺産面積をコアゾーンとバッファゾーンと表記する。

佐渡島の金山が世界遺産に登録されるまで

佐渡島の金山は「西三川砂金山」「相川金銀山」「鶴子銀山」の3鉱山で構成される（登録区域は2つ）。世界的に機械化が進んだ16～19世紀に手工業による純度の高い金の生産システムを発展させ、17世紀には世界最大級の金生産地となった。日本政府は「手工業による金生産システムの最高到達点」とし、遺構が良好な状態で保存されている点を強調していた。ユネスコ諮問機関「国際記念物遺跡会議」（イコモス）は2024年6月、構成資産のうち「江戸期より後の遺構が大部分を占める」として「相川鶴子金銀山」にある北沢地区を除外することや保護エリアの拡大を追加勧告。さらに韓国の主張を念頭に、追加的勧告として、江戸期に限らず全期間の金山の歴史を説明する展示戦略を策定することを求めた。日本は韓国政府との調整を重ね、これらの勧告内容に対応。朝鮮半島出身労働者に関する歴史を含む「全体の歴史」を現地の展示に反映するなどの対応を取ったことで「逆転登録」となった。歴史の展示については、「相川郷土博物館」に金山の労働者に朝鮮半島出身者を含むことや、日本人に比べ従事する作業が過酷だったことを示すパネルなどを新たに設置する。イコモスの勧告を受け入れることで合意に至った。

相川金銀山の「父の割戸」

排水と換気の様子を再現した佐渡金山の観光坑道

「佐渡島の金山」が、世界遺産に登録されるまでの主な流れ

1997年	佐渡金銀山を調査する「世界文化遺産を考える会」が発足
2006年11月	新潟県と同県佐渡市が世界文化遺産への推薦を文化庁に提案
2007年12月	世界遺産暫定一覧表記載資産候補提案書を文化庁に提出
2010年6月	国文化審議会で世界遺産暫定一覧表に記載（「金を中心とする佐渡鉱山の遺産群）」
2010年11月	国連教育科学文化機関（ユネスコ）の暫定一覧表に記載
2021年12月	文化審議会が世界文化遺産の推薦候補に選定。韓国外務省は、かつて佐渡島の金山が朝鮮半島出身者の強制労働の場だったとして撤回要求
2022年1月	政府がユネスコへ推薦することを正式表明
2022年2月	政府が2023年の推薦書提出。書類に不備があるとしてユネスコが諮問機関へ送付しなかったことが後に判明
2022年7月	政府が23年の登録断念と推薦書 の再提出を表明
2023年1月	2024年の登録を目指し、ユネスコに推薦書を再提出
2024年6月	国際記念物遺跡会議（イコモス）がユネスコに「情報照会」を勧告したと文化庁が発表
2024年7月	ユネスコ世界遺産委員会で登録が決定

佐《さ》渡《ど》島の金《きん》山《ざん》

佐渡金山・道遊坑コースの
ライトアップされたトンネル

登録内容

遺産種別	文化遺産
登録年	2024年
登録基準	4
登録遺産面積	コアゾーン754.8ha、バッファゾーン1,463.2ha
登録対象資産	西三川《にしみかわ》砂金山、相川鶴子《あいかわつるし》金銀山
行政区分	新潟県:佐渡市

400年以上にわたって輝き続けた金の島・佐渡

江戸初期の露頭手掘り跡
「道遊の割戸」。

佐渡は古くから「金の島」と呼ばれてきた

「佐渡島の金山」は、西三川砂金山と相川鶴子金銀山で構成される、17世紀における世界最大の金生産地である。佐渡には、400年以上にわたって採掘が続けられてきた金銀山とその鉱山技術の変遷を伝える遺跡が数多く残されている。『今昔物語集』などによると、12世紀頃には砂金が採れる島として知られていた。1989年の採掘休止までに、記録されているだけでも、78トンの金と2330トンの銀を産出した。佐渡では、鉱石の採掘や金銀の製錬だけでなく、貨幣（小判・印銀）の製造もおこなわれ、その一連の技術工程が同じ地域の中で完結していたことが大きな特徴である。

砂金採掘のために切り崩された山、鉱石の露頭掘り・坑道掘りの跡、西洋から導入した技術による竪坑や製錬施設など、佐渡には、人類が獲得したほぼすべての鉱山技術を見ることのできる遺跡と、鉱山を支えた人々が暮らした鉱山集落や鉱山都市の景観が今もあざやかに残されている。

西三川砂金山

佐渡は国内最大の金鉱山として金を産出し続けていた。**佐渡には2つのタイプの金鉱山があり、相川金銀山**の硬い「金鉱石」に含まれる〝目に見えない金〟と**西三川砂金山**の〝**目に見える金**〟である「**砂金**」**を産出する**、佐渡最古の砂金山である。江戸時代の砂金採取技術を示す遺構が多く現存する。12世紀に成立した『今昔物語集』に登場する砂金採取の場所が、こことされている。西三川砂金山では、山を掘り崩して地層のなかにある砂金を含んだ土砂を水路に落とした後、**堤の水を一気に流し込んで余分な土砂を洗い流す「大流し」と呼ばれる砂金採掘技法**が用いられた。その際に必要な水量を確保するため、水源から長い水路を設けて堤に大量の水を貯めておいた。こうした採掘跡や水路跡が広い範囲にわたり残っている。

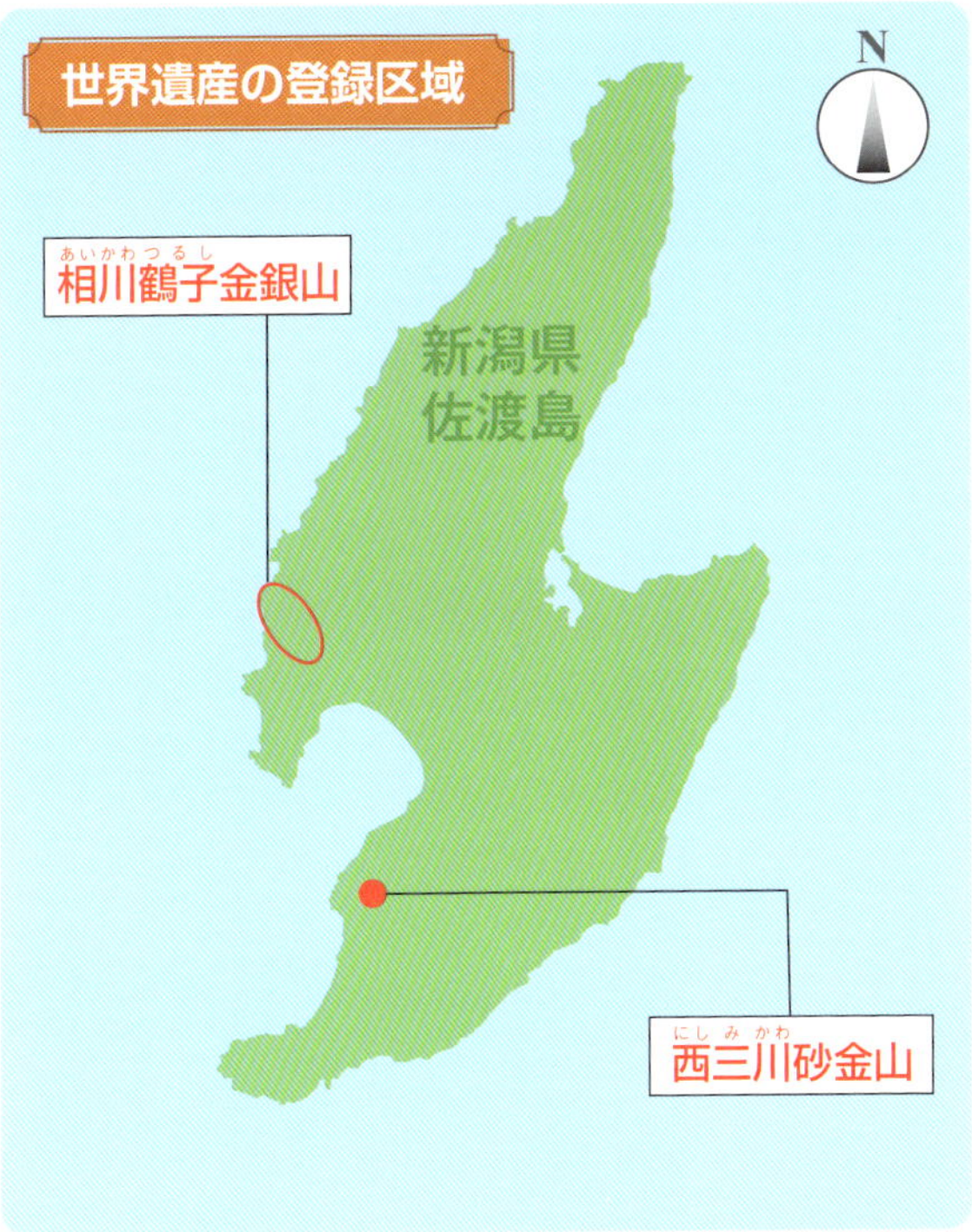

大流しにより掘り崩された採掘地「虎丸山《とらまるやま》」

伝統的手工業による鉱山技術

西三川砂金山は、佐渡最古の金の産地として12世紀の『今昔物語集』に登場する砂金を採掘する鉱山とされる。断続的に採掘活動が行われていたが、16世紀に大規模な採掘が始まり、徳川幕府の直轄地になった17世紀初頭からは佐渡奉行所の管理・運営の下で、村人達が共同で採掘を行っていた。砂金を含む山の地層を人力で掘り崩し、水の力で土砂を洗い流して水路底に残る砂金を採取する「大流し」と呼ばれる砂金採掘法の遺構が残っている。鉱山の特徴に合った技術が導入されて発展したことが分かる。

鉱山の神を祀る大山祇神社

五社屋山（水路跡）

五社屋山（水路跡）

歌川広重の描いた佐渡金山

堆積砂金鉱床：「大流し」砂金採掘法

現地には今も「大流し」の全体像を示す遺構が良好に残っている

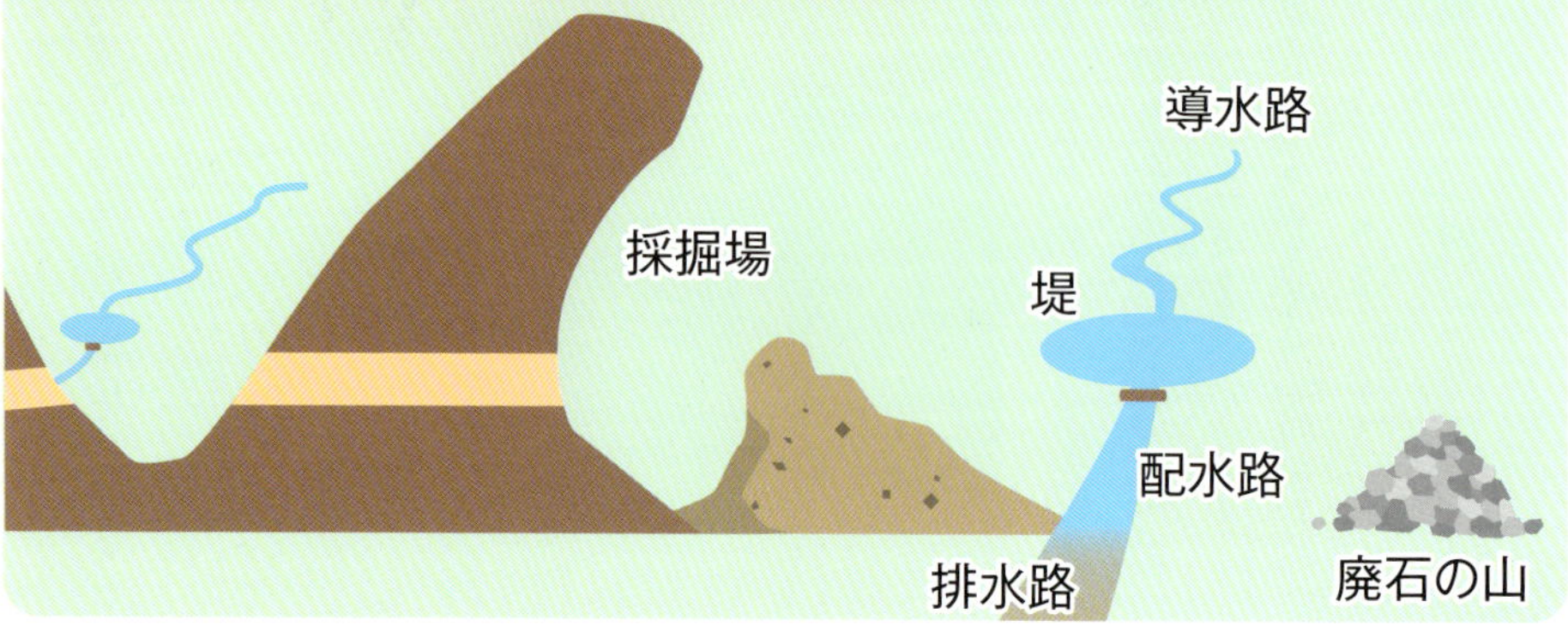

相川鶴子金銀山

16世紀末から19世紀半ばにおいて、日本最大の金銀鉱山であった。鉱山技術の発展を示す遺構や集落・鉱山町などがまとまった世界的にも稀有な遺跡である。

鶴子エリアの**鶴子銀山**は、16世紀中頃に発見された銀山で**600カ所を超える採掘跡が確認されている**。表面近くの鉱石を掘り取る「露頭掘り」や、鉱脈を追いかけながら掘り進む「ひ追い掘り」、いくつもの鉱脈を横断して水平なトンネルを掘る「坑道掘り」など、時期の異なる様々な採掘方法の痕跡を見ることができる。さらに、代官屋敷跡や鉱山集落跡などの銀山に関連する遺跡も多く発見されている。

相川エリアの**相川金銀山**は、本格的な開発は1601（慶長6）年に始まり、佐渡は徳川幕府の直轄地とされた。山師と呼ばれる鉱山経営者が集められ、**測量技術、排水技術、金銀製錬・精錬技術（灰吹法、硫黄分銀法、焼金法）が導入**された。これらの技術により、相川金銀山は世界的にも有数の金生産量を誇ることとなり、その後佐渡の技術は全国各地の鉱山に伝えられた。**採掘から小判製造まで行った鉱山は国内でも佐渡だけ**であり、多数現存する金銀山絵巻にも鮮やかに描かれている。

「大滝(おおたき)露頭掘り跡群(ろとうほりあとぐん)」。地表から銀を採掘した露頭掘りの跡が無数に残る。

大切《おおぎり》山《やま》間歩《まぶ》

鶴子から相川へ採掘の大規模化・技術的な改良

相川鶴子金銀山では、排水や換気などの課題を解決する掘削・測量技術や効率的に鉱石を処理する選鉱・製錬・精錬技術が深化した。

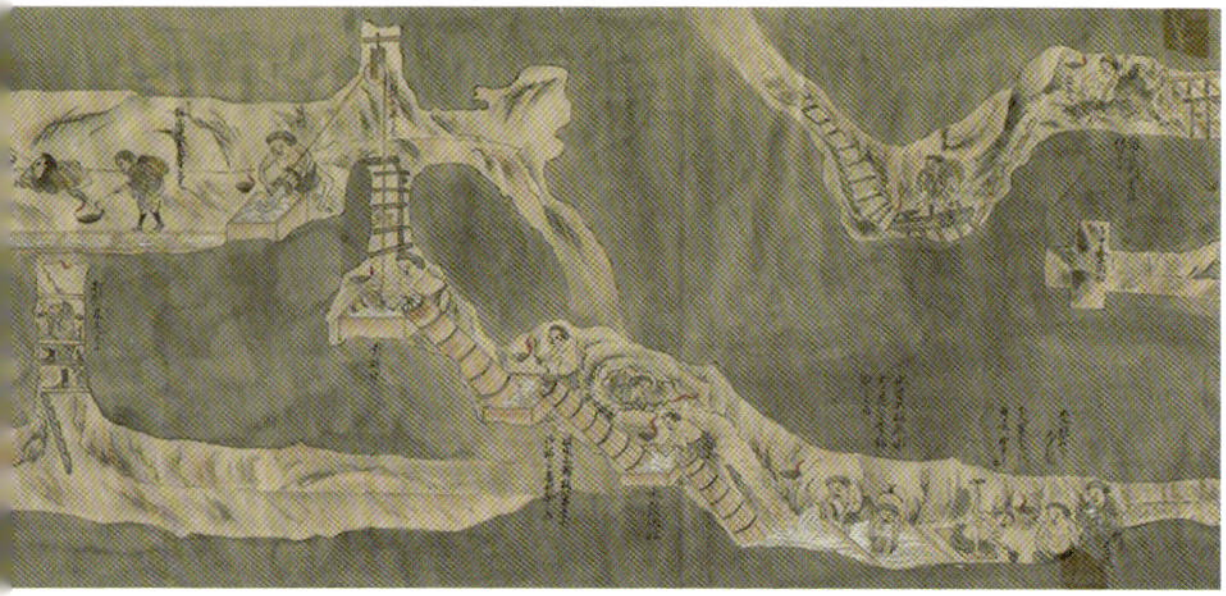

採掘の様子。相川鶴子金銀山「佐渡の国金掘ノ巻」（相川郷土博物館蔵）

相川鶴子金銀山

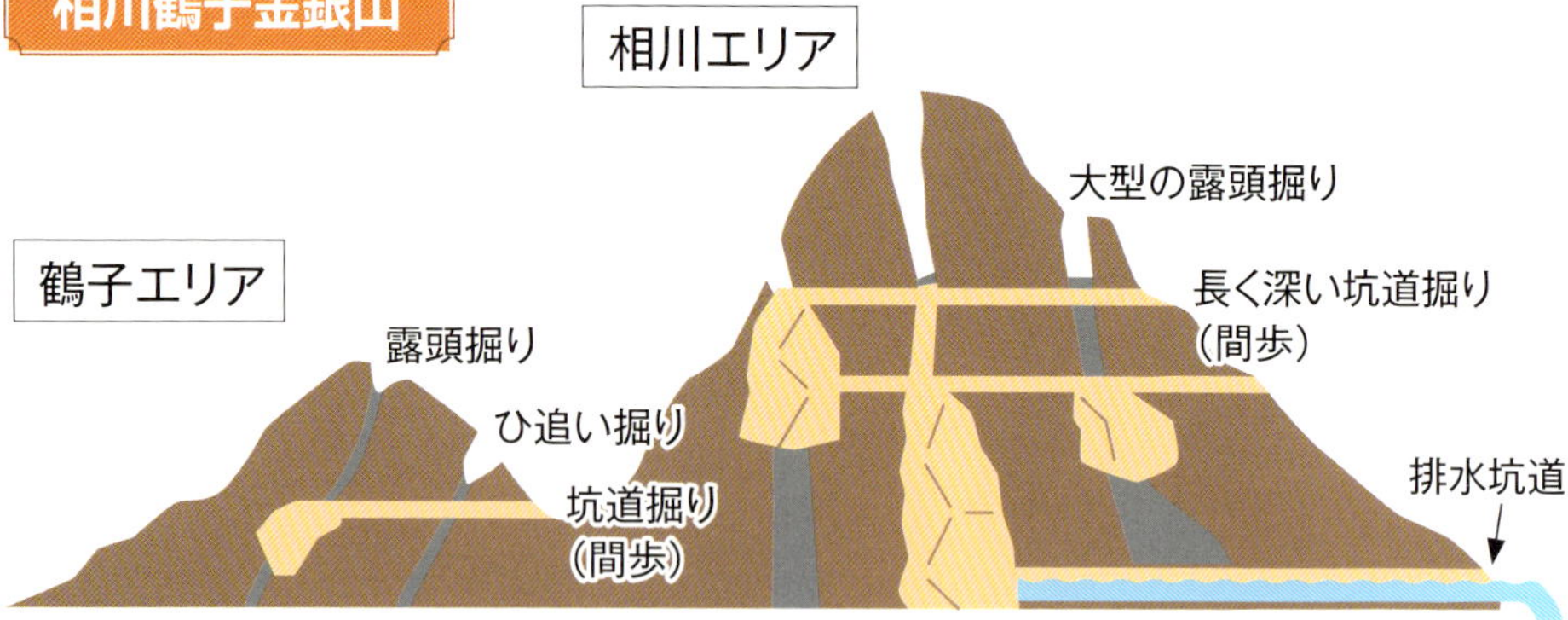

硬い岩石を人力で掘削して鉱石を得る採掘技術が大規模化し、発展した様子が分かります。
露頭掘り：地表面に露出した鉱脈を採掘する方法
ひ追い掘り：地中に延びる鉱脈を追いかけて採掘する方法
坑道掘り：水平方向に坑道を掘り、多数の並行鉱脈を同時に採掘する方法

なるほどCheck! 徳川幕府の財政を支えた金

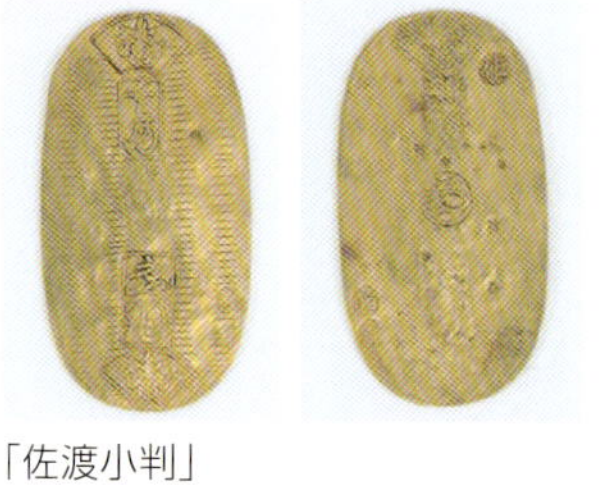

「佐渡小判」

佐渡では国内の鉱山で唯一、産出された金で小判製造が行われた。小判は江戸へ運ばれ、徳川幕府の財政を支え続けた。幕府は佐渡島の金山を重視し、金生産の効率化と長期継続のため資金投資と労働環境整備を行った。特に相川の町は元々小さな漁村だったが、金の発見により計画的な地割や道路整備が行われ、人口最大５万人とも言われる国内有数の都市へと発展した。

徳川幕府による長期的・戦略的な管理運営と集落形成

佐渡島の各鉱山近くには、それぞれの特性に応じた集落が形成された。

西三川砂金山

相川鶴子金銀山

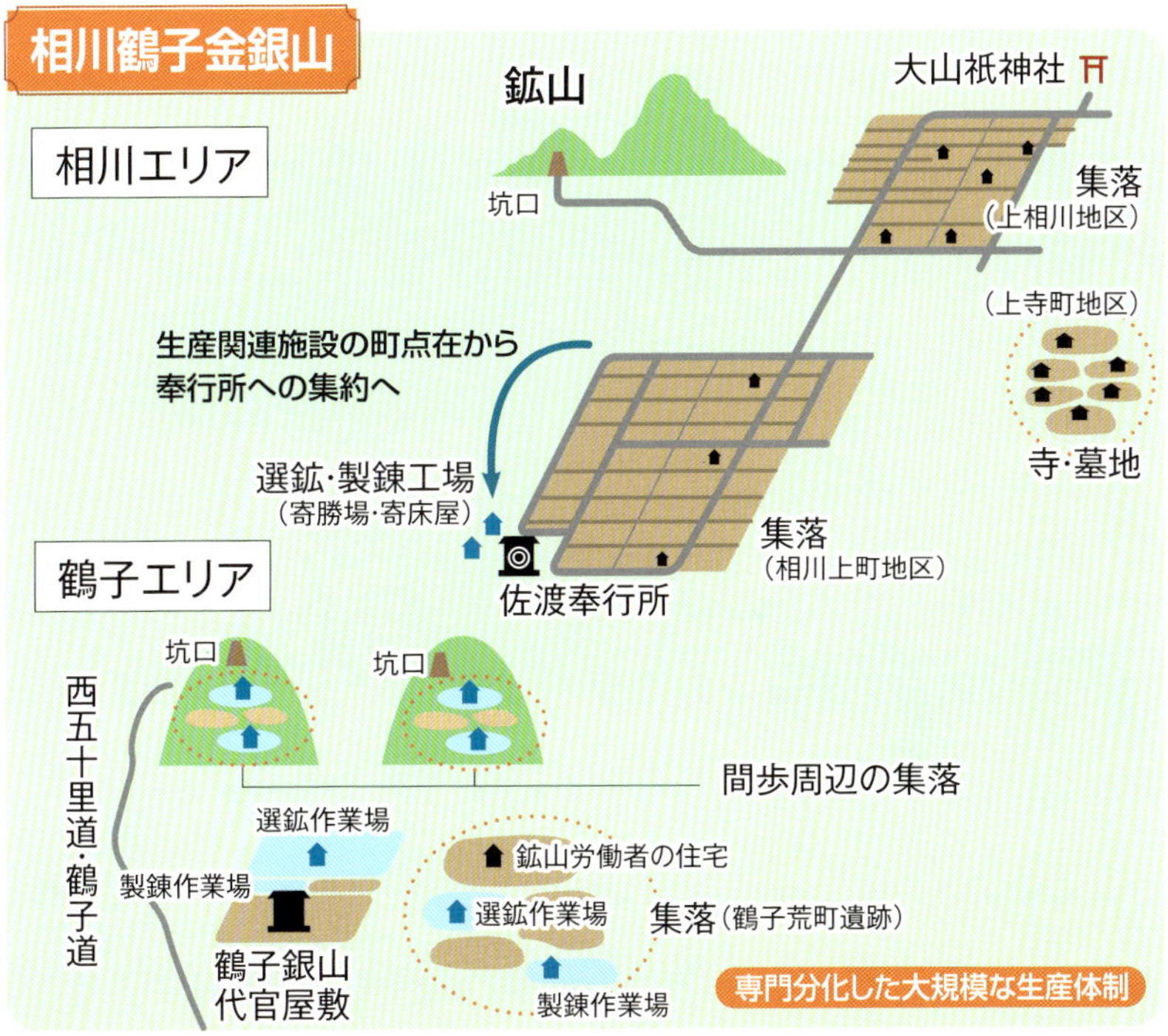

相川鶴子金銀山　重要スポット

史跡佐渡奉行所跡　〈公開・有料〉

徳川幕府は佐渡奉行を派遣し、鉱山の管理・運営と島全体の統治を行わせた。奉行所は拠点となった場所で1603年に現在地に設置された。敷地内には行政・司法施設や金銀生産の工場が併設されていた。過去、火災で5度焼失し、その度に再建されていた。現在の建物は江戸時代末の奉行所の復元である。

宗太夫間歩《そうだゆうまぶ》　〈公開・有料〉

江戸時代初期の大型の斜坑道を代表するもので、効率が良い傾斜で掘削され、鉱石運搬や排水作業に適している。壁面には手掘りによる鑿《のみ》跡が残り、当時の採掘の方法がわかる。現在、「史跡佐渡金山」（株式会社ゴールデン佐渡）が当時の抗道を利用し、採掘作業の様子を人形で再現し、観光坑道として一般公開している。

相川上町地区　〈公開・無料〉

※現在も住民の生活の場となっています。私有地への立ち入り、車両の乗り入れはご遠慮ください。

相川金銀山の南側尾根上に設けられた鉱山町。17世紀初め、佐渡代官（のちの奉行）大久保長安が陣屋を設置し、主要道沿いに規格性・計画的な地割りを持つ町を建設。管理・運営、生産、商業など職業別に街区を定めた。当時の街路や町名が今も残り、鉱山町の雰囲気を伝えている。

奄美《あまみ》大島《おおしま》、徳之島《とくのしま》、沖縄島《おきなわとう》北部《ほくぶ》及《およ》び西表島《いりおもてじま》

西表島 ピナイサーラの滝

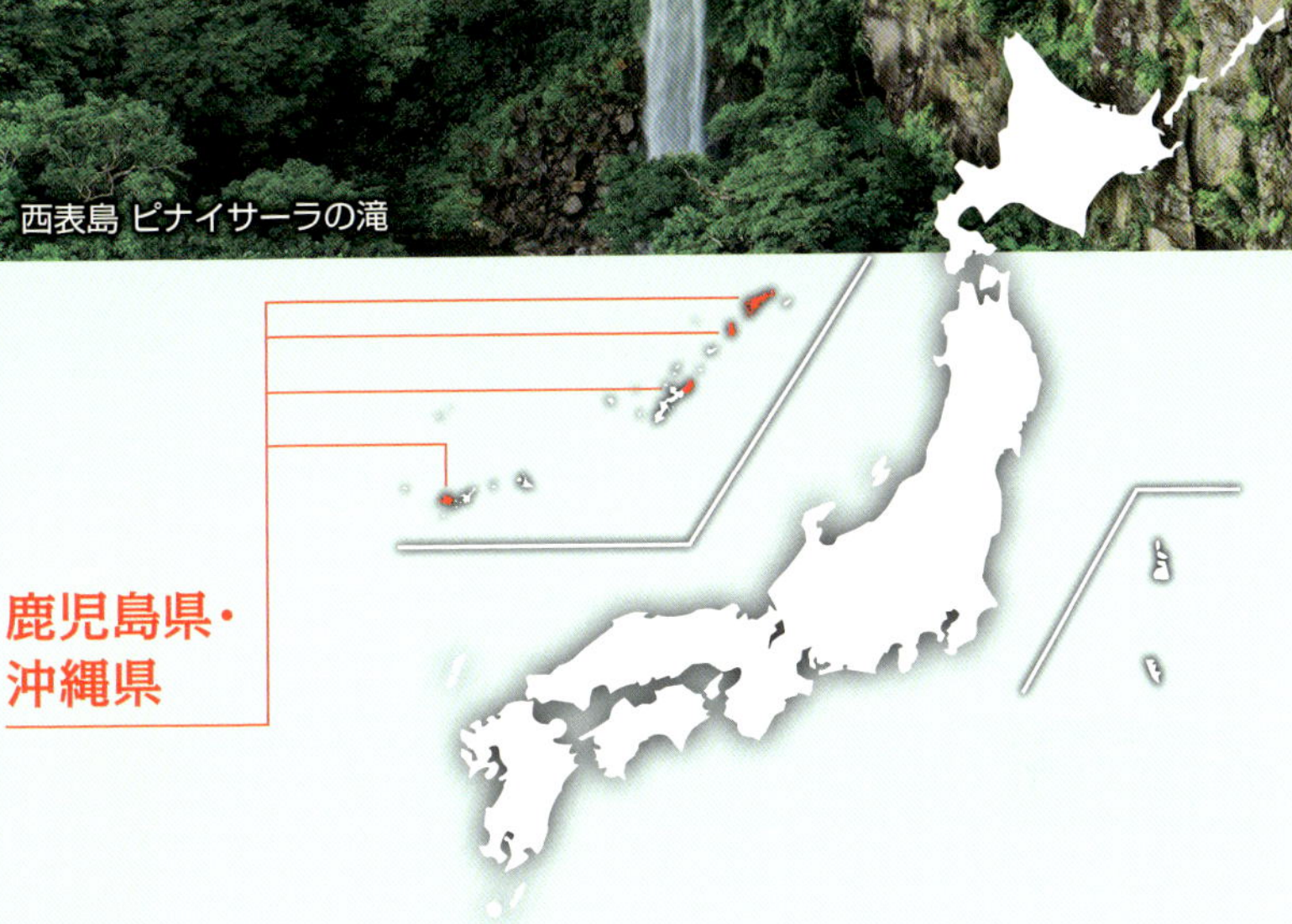

登録内容

遺産種別	自然遺産
登録年	2021年
登録基準	10
登録遺産面積	コアゾーン42,698ha、バッファゾーン24,467ha
登録対象資産	生物多様性保全地域（奄美群島国立公園、やんばる国立公園、西表石垣国立公園）、自然環境保全地域（崎山湾・網取湾）
行政区分	鹿児島県：奄美市、大和村、宇検村、瀬戸内町、徳之島町、天城町、伊仙町 沖縄県：国頭村、大宜味村、東村、竹富町

島の豊かな自然に育まれたここだけの生き物たち

島の環境に適応した希少な種が多数生息

日本列島の南端部に約1200kmにわたって点在する琉球列島の一部で、鹿児島県の奄美大島と徳之島、沖縄県の沖縄島北部と西表島の4つの地域から構成。IUCN(国際自然保護連合)のレッドリストに載る絶滅危惧種の生息地である。

大陸から離れ分離結合を繰り返しながら孤立した過程においてアマミノクロウサギ、ヤンバルクイナ、イリオモテヤマネコなど独自に進化した多様な生物がみられること。それらの多くは絶滅が危惧されている希少種であり、生物多様性を保全する上で重要な地域であることなどが評価された。候補地となって以来、登録まで18年の間に、西表島のほぼ全島を国立公園にし、やんばると奄美群島には新しい国立公園を指定した。希少種の保護や外来種対策を進め、地元では外来植物の駆除や希少種保護のパトロールを島全体で取り組み、更なる対策を進めた。

日本では24件目の世界遺産に、自然遺産としては小笠原諸島以来10年ぶりの5件目になった。

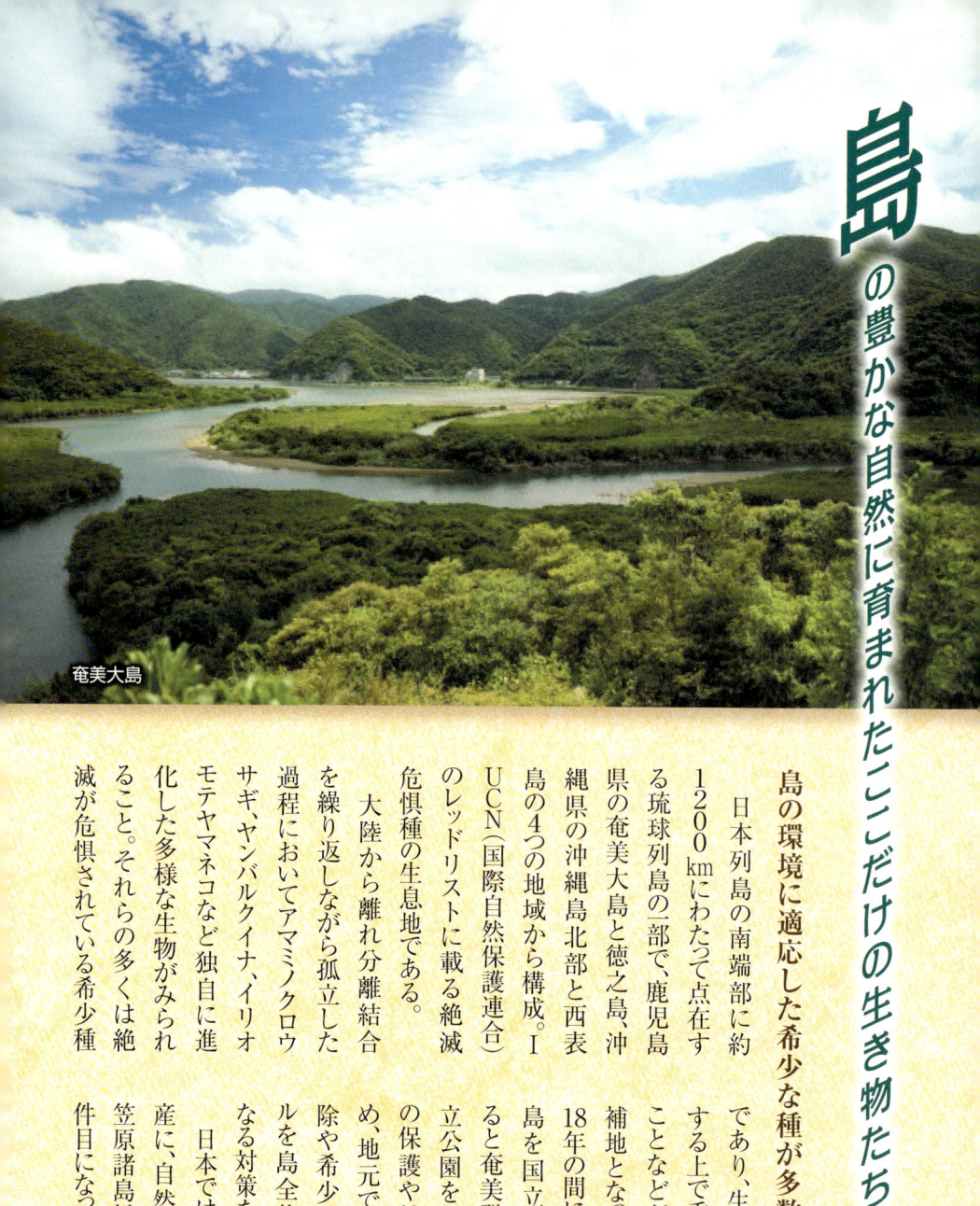

豊かな山と海、川が育む いきものの楽園・奄美大島

奄美大島の中央部・南部では山塊から海域まで豊かな亜熱帯照葉樹林が連続している。**雄大な自然環境には、北方系と南方系の生物が混在**し、アマミノクロウサギ、アマミトゲネズミ、ルリカケス、オットンガエルなどの遺存固有種やアマミヤマシギなどの希少種の生息地となっている。国土面積の0・2％に満たない島だが、日本で確認される約3万8000種の生物のうち5083種ものいきものが暮らしている。（※）

奄美市住用町のマングローブ原生林は、西表島に次いで日本で2番目に大きい。**マングローブとは、熱帯や亜熱帯の河口湿地帯や、沿岸部の干潟に生育する樹木群の総称。**干潮時の地表にはオキナワハクセンシオマネキなどのカニ類、樹々の根本にはミナミトビハゼが顔をのぞかせる。また河川には貴重なリュウキュウアユが生息し、昼の空には干潟の生き物を捕食するルリカケスや夜はリュウキュウコノハズクが舞う。夜の森では、絶滅危惧種のアマミノクロウサギやアマミヤマシギなど夜行性のいきものが活動する。

※維管束植物、哺乳類、鳥類、陸生爬虫類、両生類、陸水生魚類、昆虫類、陸水生甲殻十脚類。他分類の生物種数は含まれない。（出典：2019年 日本政府の推薦書をもとに作成）

奄美大島の「金作原原生林」。散策路にあるヒカゲヘゴは日本最大の巨大なシダ植物

提供　環境省奄美野生生物保護センター
オットンガエル

ルリカケス

提供　環境省
アマミヤマシギ

提供　環境省
アマミトゲネズミ

奄美大島と徳之島だけの原始的な姿のウサギ

アマミノクロウサギは世界で**奄美大島と徳之島にしかいないウサギ**。ヨーロッパのアナウサギの先祖で、500万年～300万年前からいたといわれる。

アマミノクロウサギ　　提供　環境省

長らく陸続きだったため、奄美大島と徳之島の森に生息している。

体も耳も小さく、足が短いので走るのは苦手だが穴掘りが得意。日中は斜面に掘った巣穴で過ごし、夜になると穴から出て活動をはじめる。**赤ちゃんの育て方が特長的で、自分の巣穴とは別の穴を掘り、外敵であるハブの侵入を防ぐため土やコケで入口にふたをする**。授乳ごとにふたを掘り開けて、中の赤ちゃんにミルクを与え飲み終えたらふたをして去っていく。1～2日に1度の時だけ掘り返す。

あれこれPoint! 1　徳之島だけにいるオビトカゲモドキ

トカゲのようだがヤモリの仲間で、徳之島だけに生息する固有種。胴体部分の長さが6～8cmで、首から背中にかけて4本の桃色の横帯模様がある。指の裏側が吸着板のようにはなっておらず、指先に小さな爪がある。樹や壁を登ることはしない。

提供　環境省

亜熱帯の豊かな大自然
沖縄島北部

沖縄島北部は**「山々が連なり、森の広がる地域」という意味。やんばる（山原）と呼ばれ**、林業が営まれながらも、生物多様性が高いエリアである。

最北端の三村（国頭村《くにがみそん》、大宜《おおぎ》味村《みそん》、東村《ひがしそん》）のやんばる三村をまたぐ脊梁山地。スダジイやイジュなどが植生する亜熱帯照葉樹林では、絶滅危惧種であるヤンバルテナガコガネやケナガネズミ、リュウキュウヤマガメなど多様な動植物のすみかとなっている。

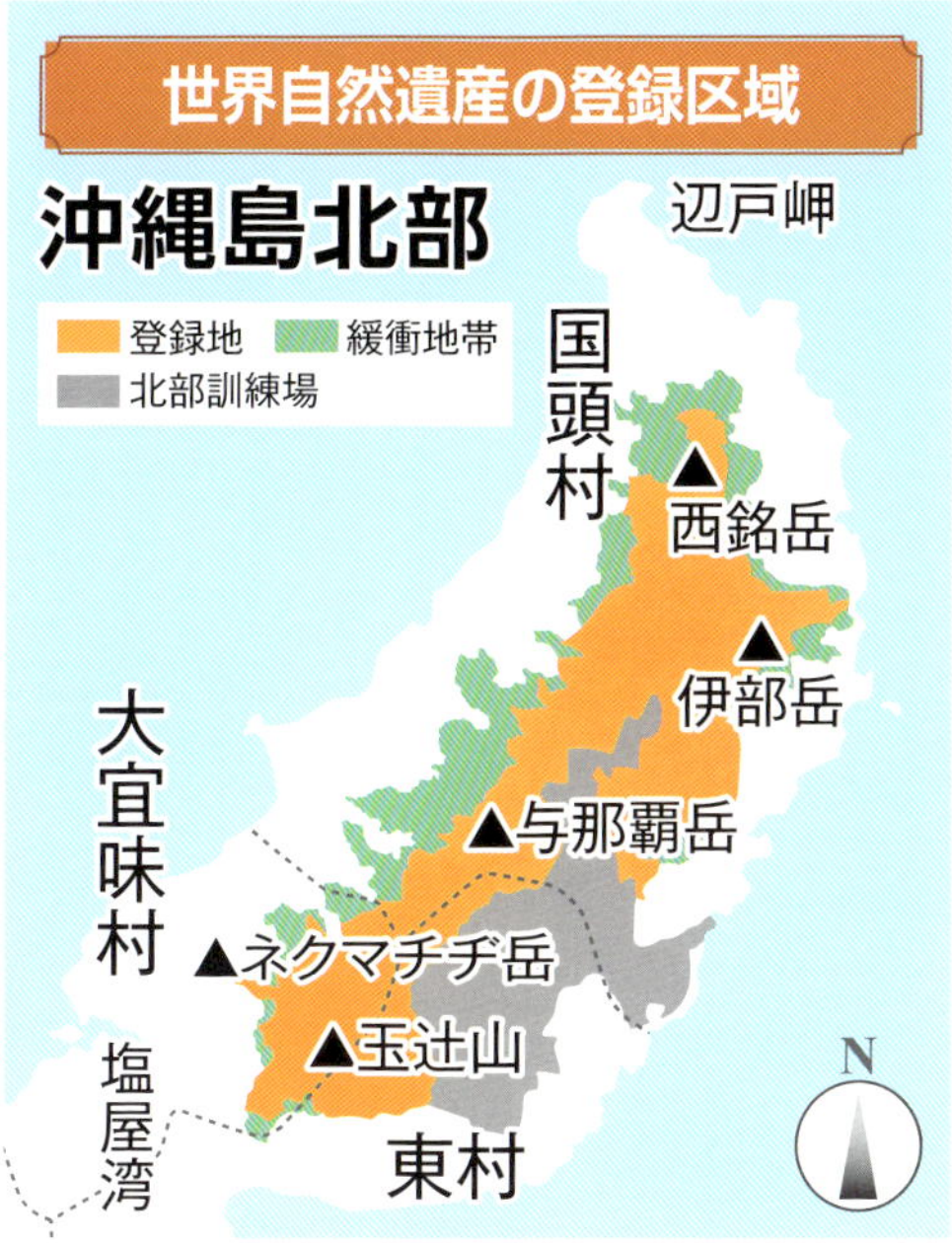

ヤンバルテナガコガネ

ケナガネズミ

やんばるの森にいる固有種の代表は、**飛べない鳥のヤンバルクイナ**やキツツキのノグチゲラ、夜行性のカエルの仲間で、鮮やかな苔の模様をしたオキナワイシカワガエル、ナミガエルなど。やんばるの山村の森林面積は、日本国土の0.1%だが、カエルは日本で確認される種類の4分の1、鳥類は半分以上観察ができる。

走るのは得意だけど飛べない鳥「ヤンバルクイナ」。1981年に新種と発表された。

日本最後の秘境の島 島の約9割がジャングル

西表島は、古見岳《こみ》（469・5m）や御座岳《ござ》（420・4m）などの山々が連なる。南部に仲間川、北部には沖縄最長の川・浦内川をはじめ大小多くの川が流れ、山地を削って深い谷をつくりだしている。沖縄で最も落差の大きいピナイサーラの滝をはじめ100を超える滝がある。原生状態に近い亜熱帯照葉樹林や、河口には日本最大のマングローブ林があり、**国内で生育しているマングローブ植物7種すべてが分布しているのは西表島だけ**である。また、国内最大規模のサンゴ礁（石西礁湖《せきさいしょうこ》）を有するなど、ほとんど手つかずの自然が残されている。

山地はランやシダなどの着生植物が多く、島の90％が森林となる。代表的ないきものは、ほ乳類のイリオモテヤマネコ、ヤエヤマオオコウモリを筆頭に、爬虫類はヤエヤマセマルハコガメ、両生類はリュウキュウアカジカガエル、鳥類はカンムリワシ、昆虫類では、日本最大の蝶・ヨナグニサンなど、絶滅危惧種も含む、固有のいきものが生息している。

多くの河口付近にマングローブを有する

島のほぼ全体が国立公園に指定（1972年）

あれこれPoint! 2 世界一狭いエリアに暮らす野生ネコ

1965年に八重山列島の西表島で発見されたヤマネコ。ネコ科ベンガルヤマネコ属に分類される、大陸から渡ってきたベンガルヤマネコの亜種である。尻尾は先まで太く、耳は先が丸くて後ろに白い斑点（虎耳状斑《こじじょうはん》）がある。食べ物はネズミ、小鳥、トカゲ、ヘビ、カニ、魚など、島の環境に適応していろいろ食べる。

イリオモテヤマネコ　提供　環境省

提供　沖縄県

カンムリワシ

西表島と石垣島の森林地帯や農耕地、水田、マングローブ林など様々な場所に生息。一年を通して飛んでいる姿が見られる。

提供　環境省

キシノウエトカゲ（成体）

日本産トカゲ類中最大のもので、体長30センチメートルに達する沖縄先島群島のみに産する特産種。主に原野や墓地に多く生息する。

提供　環境省西表自然保護官事務所

ヤエヤマセマルハコガメ

石垣島と西表島のみに分布する固有亜種で、森林周辺に生息する陸生種。高湿の環境を好み、低湿地や河川の近くで見つかることが多い。

生物多様性の秘密は島の成り立ちに

なるほどCheck!

琉球列島は中新世中期以前にはユーラシア大陸の東端を構成していたが、沖縄トラフや3つの深い海峡の形成によって大陸や他の島嶼《とうしょ》と隔てられ、小島嶼群《しょうとうしょぐん》となった。そこに生息・生育していた陸域生物は、小島嶼《しょうとうしょ》に隔離され、独特の進化を遂げた。

約1200万年以前

約1200万～200万年以前

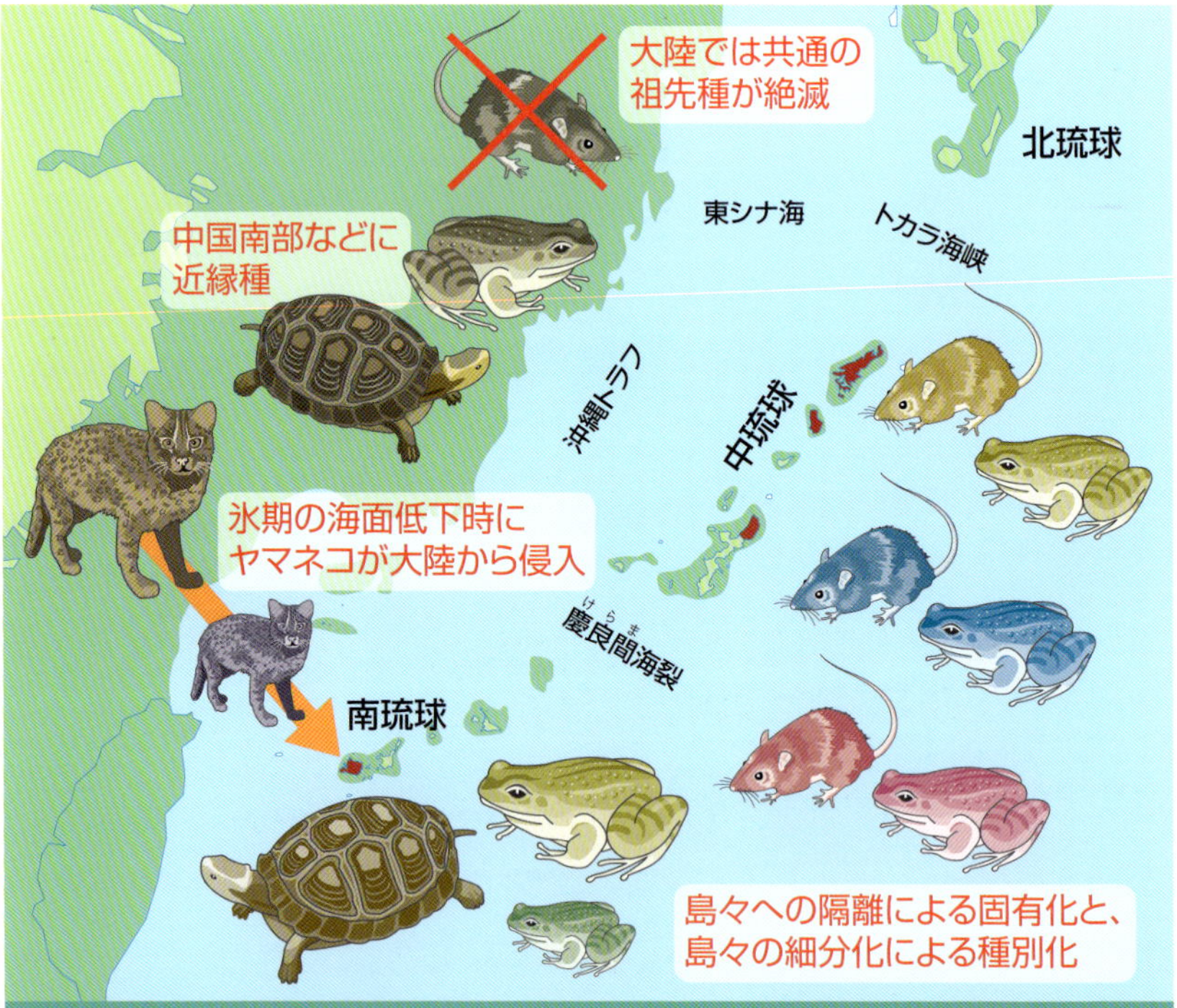

約200万年前～現在

北海道《ほっかいどう》・北東北《きたとうほく》の縄文《じょうもん》遺跡群《いせきぐん》

青森県の三内丸山遺跡跡
写真提供　三内丸山遺跡センター

登録内容

遺産種別	文化遺産
登録年	2021年
登録基準	3･5
登録遺産面積	コアゾーン141.9ha、バッファゾーン984.8ha
登録対象資産	大平山元《おおだいやまもと》遺跡、垣ノ島《かきのしま》遺跡、北黄金《きたこがね》貝塚、田小屋野《たごやの》貝塚、二ツ森《ふたつもり》貝塚、三内丸山《さんないまるやま》遺跡、大船《おおふね》遺跡、御所野《ごしょの》遺跡、小牧野《こまきの》遺跡、入江《いりえ》貝塚、伊勢堂岱《いせどうだい》遺跡、大湯環状列石《おおゆかんじょうれっせき》、キウス周堤墓群《しゅうていぼぐん》、大森勝山《おおもりかつやま》遺跡、高砂《たかさご》貝塚、亀ヶ岡《かめがおか》石器時代遺跡、是川《これかわ》石器時代遺跡
行政区分	北海道:千歳市、伊達市、洞爺湖町、函館市、青森県:青森市、八戸市、つがる市、弘前市、七戸町、外ヶ浜町、岩手県: 一戸町、秋田県:鹿角市、北秋田市

約1万年以上存続した日本の先史文化

岩手県の御所野遺跡　東ムラの復元土屋根住居

1万年以上続いた独特の縄文文化を今に伝える

北海道、青森県、岩手県及び秋田県に点在する遺跡群は、津軽海峡をはさみながらも豊かな自然の恵みを受けながら1万年以上にわたり採集・漁労・狩猟により定住した縄文時代の人々の生活と精神文化を今に伝える貴重な文化遺産だ。この遺跡群は日本列島の縄文文化における中核地の「津軽海峡文化圏」に位置している。

縄文文化は、今から約1万5000年前～約2300年前にかけて日本列島で発展した固有の先史文化である。世界史の時代区分にあてはめるなら中石器時代、もしくは新石器時代に相当する内容であるが、海外との違いは安定した定住生活などがあげられるという。津軽海峡文化圏に縄文文化が広がっている理由としてブナやナラといった落葉広葉樹林帯が広がっており、食料が豊富であったことが挙げられる。中でも青森県の三内丸山遺跡は、縄文時代最大の集落として有名だ。

広大な土地に残された縄文の足跡

北海道は道南から内浦湾に面した6遺跡で構成される。函館エリアで道南の大規模拠点である**大船遺跡**、17点もの足形付土版が出土した**垣ノ島遺跡**、関連資産で道内最大級の環状列石を伴う**鷲ノ木遺跡**がある。

内浦湾を北上し、**入江貝塚**では、約20m幅の貝塚を剥ぎ取った断面を展示する〝貝塚トンネル〟が圧巻。近くの**高砂貝塚**は貝塚を伴う共同墓地となっている。内浦湾を見下ろす丘の上にある**北黄金貝塚**は、大規模貝塚を伴う集落場所であった。**キウス周堤墓群**は、土を積み上げて築いた大規模な共同墓地。最大のものは直径約75m、高さ5mと巨大だ。

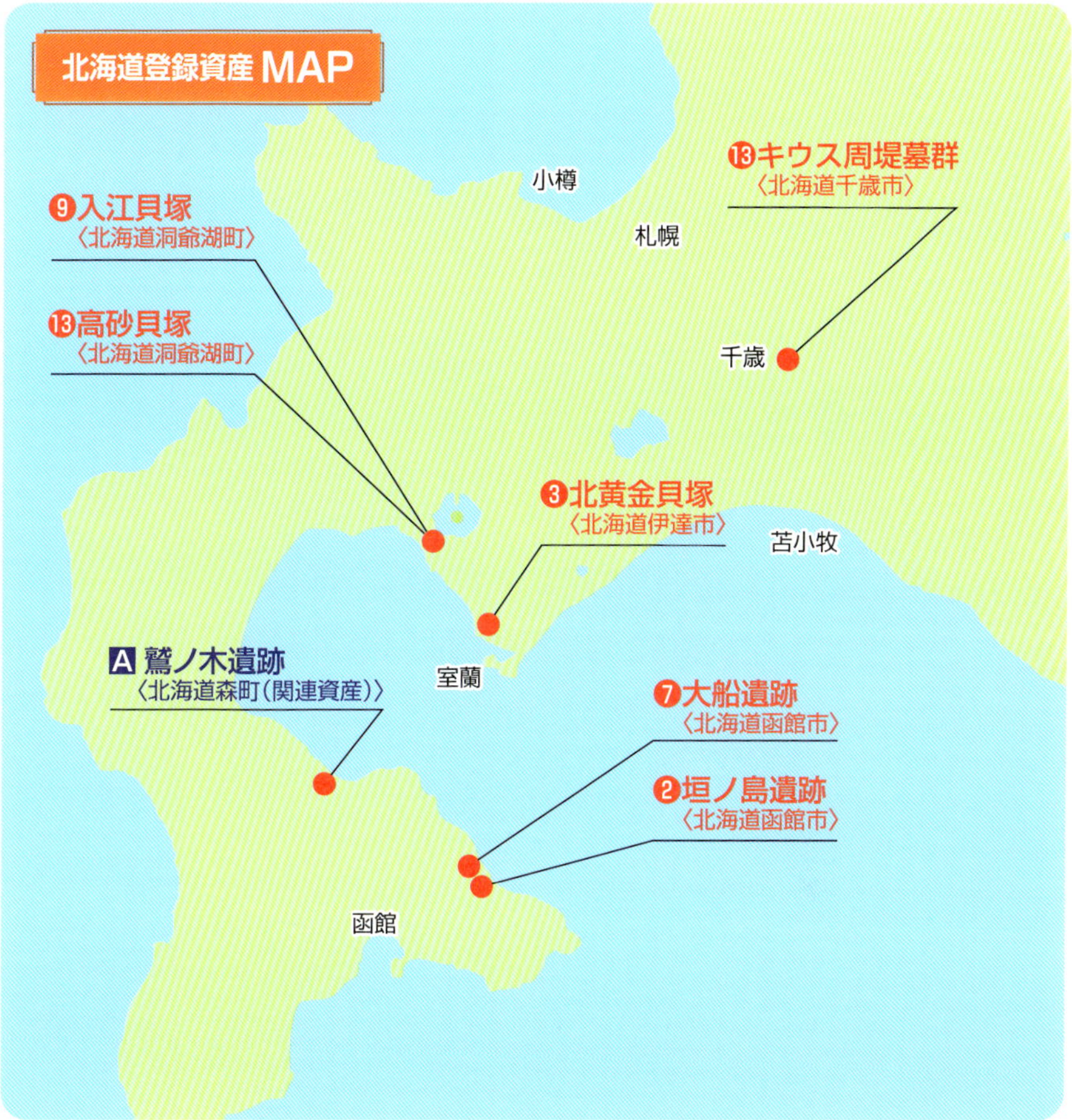

縄文文化を物語る巨大集落の歴史に触れる

北東北・北海道南部で栄えた円筒土器文化は、縄文時代前期半ばから中期に半ばまで、地域の集落をまとめる大規模な拠点集落が増えた時期。

御所野遺跡は馬淵川に近く、土屋根の竪穴建物、掘立柱建物などが点在する、墓域と祭祀場を中心とした拠点集落。三内丸山遺跡は、居住域、墓地、大型掘立柱建物など配置された巨大な集落跡。膨大な量の土器や石器、多種多様な魚骨や動物骨などの堅果類が出土している。二ツ森貝塚は東北有数の大規模遺跡。貝塚の下層には海水性、上層には汽水性の貝殻が堆積し、海進・海退による環境の変化を明確に反映している。

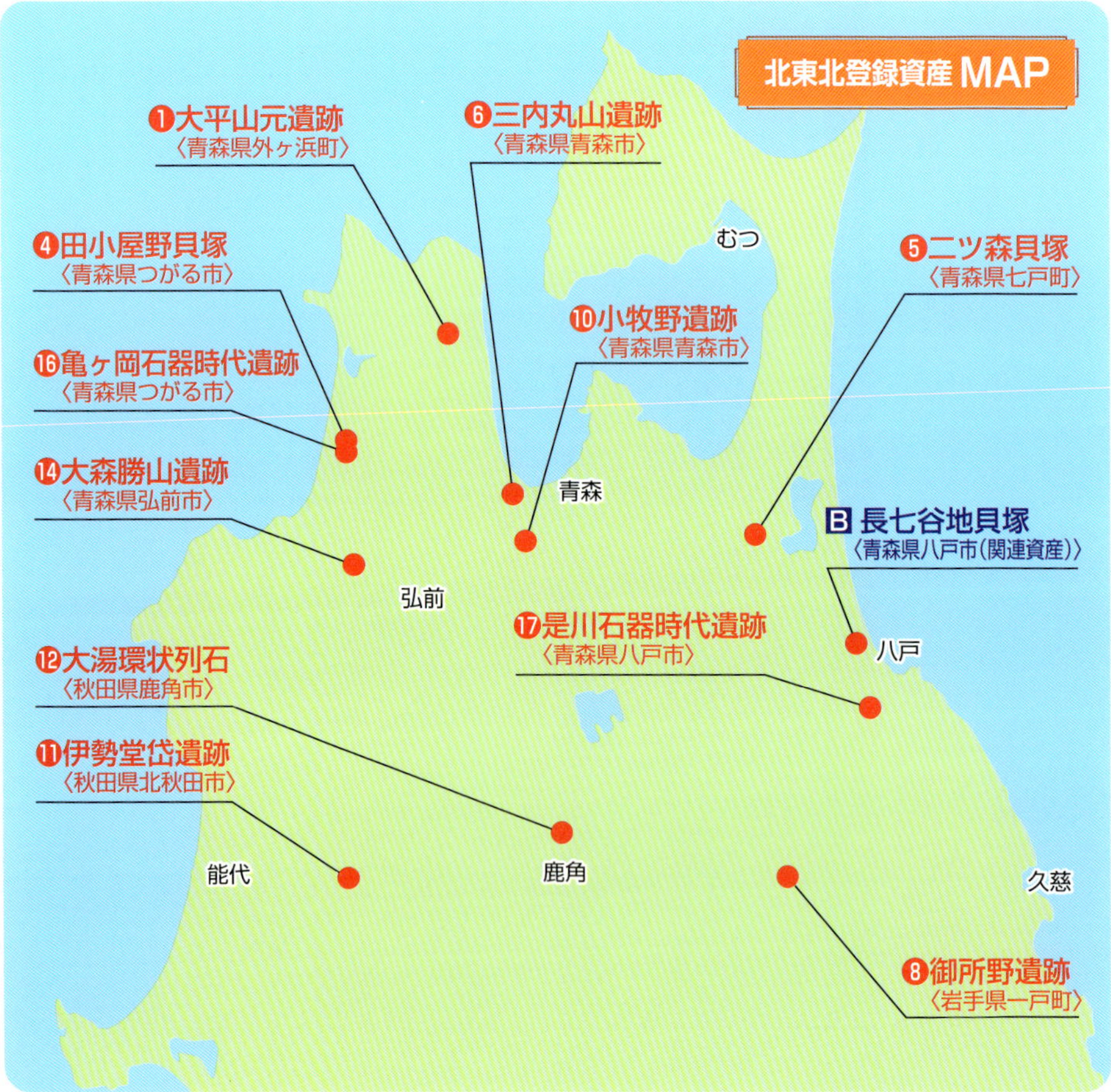

なるほどCheck! 集落展開及び精神文化に関する6つのステージ

年代	ステージ		集落の姿	特徴	遺跡
紀元前1万3000年	ステージⅠ 定住の開始	ステージⅠa 居住地の形成	居住地	●土器の使用を開始	1
紀元前7000年		ステージⅠb 集落の成立	集落（住居・墓）	●居住域と墓域の分離 ●独特な墓制の成立	2
紀元前5000年	ステージⅡ 定住の発展	ステージⅡa 集落施設の多様化	集落（住居・墓・貯蔵施設・捨て場）	●集落の施設の充実 ●祭祀場的な捨て場が形成	3 4 5
紀元前3000年		ステージⅡb 拠点集落の出現	拠点集落（住居・墓・祭祀場・貯蔵施設・捨て場）	●集落の祭祀場が多様になる ●祭祀場的が顕著となる	6 7 8
紀元前2000年	ステージⅢ 定住の成熟	ステージⅢa 共同の祭祀場と墓地の進出	共同祭祀場（共同墓地）⇔集落	●集落は小規模となり分離 ●集落外に共同の祭祀場と墓域を構築、維持・管理	9 10 11 12
紀元前1500年		ステージⅢb 祭祀場と墓地の分離	共同祭祀場・共同墓地⇔集落	●祭祀・儀礼が充実し、共同墓地・共同祭祀場が顕著となる	13 14 15 16 17
紀元前400年					

出典：北海道・北東北の縄文遺跡群ウェブサイト　https://jomon-japan.jp

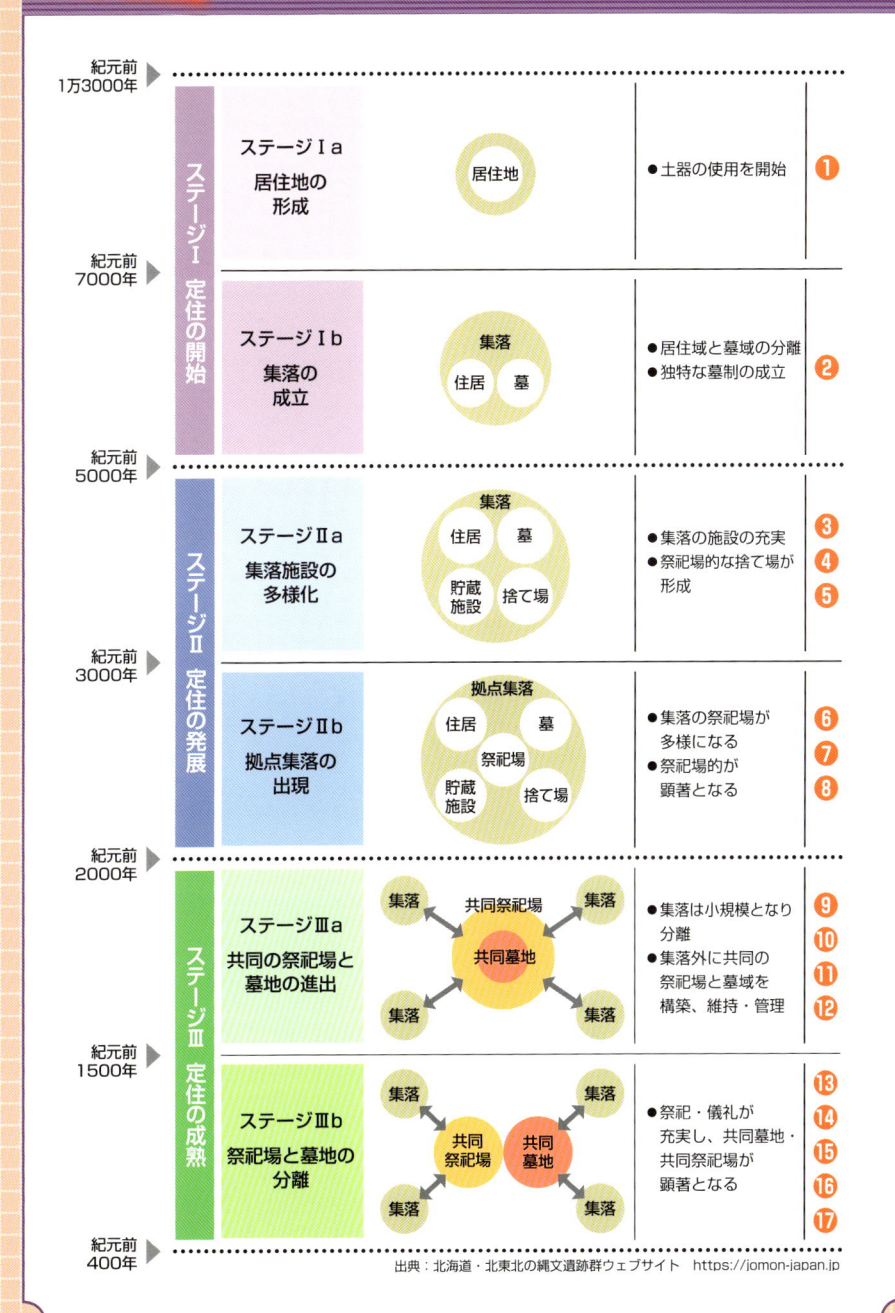

「北海道・北東北の縄文遺跡群」の構成資産

出典：JOMON ARCHIVES（つがる市教育委員会）

④田小屋野《たごやの》貝塚（青森県つがる市）

海進期に形成された古十三湖に面した貝塚を伴う集落跡。貝塚からは貝殻を中心に、クジラ・イルカの骨を加工した骨角器、ベンケイガイ製貝輪の未製品も多数出土し、内湾地域における生業の様子を伝える。

出典：JOMON ARCHIVES（外ヶ浜町教育委員会）

①大平山元《おおだいやまもと》遺跡（青森県外ヶ浜町）

遊動から定住へと生活が変化したことを示す縄文時代開始直後の遺跡。旧石器時代の特徴をもつ石器群とともに、土器と石鏃が出土した。土器は1万5,000年以上前のもので、北東アジア最古である。

出典：JOMON ARCHIVES（七戸町教育委員会）

⑤二ツ森《ふたつもり》貝塚（青森県七戸町）

太平洋に続く小川原湖に面した段丘上に立地する大規模な貝塚を伴う集落跡。貝塚では下層に海水性、上層に汽水性の貝殻が堆積することが確認され、海進・海退による環境変化に適応した暮らしぶりを示す。

出典：JOMON ARCHIVES（函館市教育委員会）

②垣ノ島《かきのしま》遺跡（北海道函館市）

紀元前5,000年頃の集落跡。竪穴建物による居住域と墓域が分離したことを示す。墓からは、この地域に特徴的な幼児の足形を押し付けた粘土版が副葬される例があるなど、当時の葬制や精神性を示す。

出典：JOMON ARCHIVES（三内丸山遺跡センター）

⑥三内丸山《さんないまるやま》遺跡（青森県青森市）

竪穴建物、掘立柱建物、墓、貯蔵穴、祭祀場である盛土や捨て場などからなる巨大な集落跡。膨大な土器や石器、日本最多の2,000点を超える土偶、動植物遺体などが出土。当時の生業や祭祀・儀礼を具体的に伝える。

出典：JOMON ARCHIVES（伊達市教育委員会）

③北黄金《きたこがね》貝塚（北海道伊達市）

内浦湾をのぞむ丘陵上に立地する貝塚を伴う集落跡。貝塚からは、貝殻・魚骨・海獣骨、動物の骨や角でつくられた道具が多数出土し、海進・海退などの環境変化に適応した漁労を中心とした生業を示す。

出典：JOMON ARCHIVES（青森市教育委員会）

⑩小牧野《こまきの》遺跡（青森県青森市）

八甲田山西麓に広がる台地上に立地する環状列石を主体とする祭祀遺跡。環状列石は中央帯、内帯、外帯の三重で一部四重となり、全体で直径55mとなる。三角形岩版などの祭祀遺物が多数出土している。

出典：JOMON ARCHIVES（函館市教育委員会）

⑦大船《おおふね》遺跡（北海道函館市）

太平洋をのぞむ段丘上に立地する拠点集落。竪穴建物、貯蔵穴、墓、盛土などが配置されている。祭祀場である大規模な盛土には、大量の土器·石器などが累積し、祭祀·儀礼が継続して行われていたことを示す。

出典：JOMON ARCHIVES（北秋田市教育委員会）

⑪伊勢堂岱《いせどうだい》遺跡（秋田県北秋田市）

米代川近くの段丘上に立地する環状列石を主体とする祭祀遺跡。見晴らしのよい段丘北西端に4つの環状列石が隣接して配置され、それらの周囲から土偶、動物形土製品、鐸形土製品など祭祀遺物が多量に出土。

出典：JOMON ARCHIVES（一戸町教育委員会）

⑧御所野《ごしょの》遺跡（岩手県一戸町）

馬淵川沿いの段丘上に立地する拠点集落。台地中央に墓や祭祀場である盛土があり、その周囲に居住域が広がる。遺跡からは土器や石器、土偶、動物骨、堅果類などが出土し、河川流域における生業と精神文化を伝える。

出典：JOMON ARCHIVES（鹿角市教育委員会）

⑫大湯環状列石《おおゆかんじょうれっせき》（秋田県鹿角市）

大湯川沿いの段丘上に立地する環状列石を主体とする祭祀遺跡。万座と野中堂の2つの環状列石があり、川原石を組み合わせた配石遺構によって二重の円環が形成されている。周囲からは祭祀遺物が数多く出土。

出典：JOMON ARCHIVES（洞爺湖町教育委員会）

⑨入江《いりえ》貝塚（北海道洞爺湖町）

内浦湾を望む段丘上にある集落跡。竪穴建物による居住域、墓域、貝塚で構成される。墓からは筋萎縮症に罹患した成人人骨も確認され、周囲の手厚い介護を受けながら生きながらえたことを伝える。

出典：JOMON ARCHIVES（つがる市教育委員会）

⑯亀ヶ岡《かめがおか》石器時代遺跡（青森県つがる市）

古十三湖に面した大規模な共同墓地。台地上に多数の墓が構築され、その周囲の低湿地からは芸術性豊かな大型遮光器土偶をはじめ、漆塗り土器や漆器などが多数出土し、精緻で複雑な精神性を示す。

出典：JOMON ARCHIVES（千歳市教育委員会）

⑬キウス周堤墓群《しゅうていぼぐん》（北海道千歳市）

石狩低地帯をのぞむ緩やかな斜面に立地する高い土手を伴う大規模な共同墓地。周堤墓は、円形の竪穴を掘ってその外側に周堤を造り、内側に複数の墓を配置している。独特な墓制で、当時の高い精神性を示す。

出典：JOMON ARCHIVES（八戸市教育委員会）

⑰是川《これかわ》石器時代遺跡（青森県八戸市）

中居、一王寺、堀田の３つの遺跡からなる。中でも中居遺跡は多様な施設を伴う集落跡。土器・土偶、弓やヤスなどの木製品、漆塗りの櫛などの漆製品が出土し、河川流域における生業や高度な精神性を伝える。

出典：JOMON ARCHIVES（弘前市教育委員会）

⑭大森勝山《おおもりかつやま》遺跡（青森県弘前市）

岩木山麓の丘陵上に立地する大規模な環状列石を伴う祭祀遺跡。環状列石は、盛土した円丘 の縁辺部に 77 基の組石を配置して円環を築いている。環状列石及びその周辺からは円盤状石製品が大量に出土している。

関連資産

A 長七谷地《ちょうしちやち》貝塚（青森県八戸市）

縄文海進期に形成された貝塚を中心とした集落遺跡。貝塚からは多量の貝殻や魚骨、動物の角や骨を加工した釣針や銛頭などが出土し、活発に漁労が行われていたことを伝える。

B 鷲ノ木《わしのき》遺跡（北海道森町）

北海道最大規模の環状列石を伴う祭祀遺跡。楕円形の配石を中心とし、その外側に円環状の列石が二重に巡り、直径約 37m のほぼ円形である。周辺に竪穴墓域などが見られる。

出典：JOMON ARCHIVES（洞爺湖町教育委員会）

⑮高砂《たかさご》貝塚（北海道洞爺湖町）

内浦湾をのぞむ低地に立地する貝塚を伴う共同墓地。墓域からは、抜歯の痕跡のある人骨や 胎児骨を伴う妊産婦の人骨のほか、土偶や土製品などが出土。貝塚からは鹿角製の銛頭などの漁具も出土している。

百舌鳥《もず》・古市《ふるいち》古墳群《こふんぐん》-古代日本《こだいにほん》の墳墓群《ふんぼぐん》-

空から見た百舌鳥エリア

登録内容

遺産種別	文化遺産
登録年	2019年
登録基準	3·4
登録遺産面積	コアゾーン166.66ha、バッファゾーン890ha
登録対象資産	反正天皇陵古墳《はんぜいてんのうりょう》、仁徳天皇陵古墳《にんとくてんのうりょう》、茶山《ちゃやま》古墳、大安寺山《だいあんじやま》古墳、永山《ながやま》古墳、源右衛門山《げんえもんやま》古墳、塚廻《つかまわり》古墳、収塚《おさめづか》古墳、孫太夫山《まごだゆうやま》古墳、竜佐山《たつさやま》古墳、銅亀山《どうがめやま》古墳、菰山塚《こもやまづか》古墳、丸保山《まるほやま》古墳、長塚《ながつか》古墳、旗塚《はたづか》古墳、銭塚《ぜにづか》古墳、履中天皇陵《りちゅうてんのうりょう》古墳、寺山南山《てらやまみなみやま》古墳、七観音《しちかんのん》古墳、いたすけ古墳、善右ヱ門山《ぜんえもんやま》古墳、御廟山《ごびょうやま》古墳、ニサンザイ古墳、津堂城山《つどうしろやま》古墳、仲哀天皇陵《ちゅうあいてんのうりょう》古墳、鉢塚《はちづか》古墳、允恭天皇陵《いんぎょうてんのうりょう》古墳、仲姫命陵《あかつひめのみことりょう》古墳、鍋塚《なべづか》古墳、助太山《すけたやま》古墳、中山塚《なかやまづか》古墳、八島塚《やしまづか》古墳、古室山《こむろやま》古墳、大鳥塚《おおとりづか》古墳、応神天皇陵《おうじんてんのうりょう》古墳、誉田丸山《こんだまるやま》古墳、二ツ塚《ふたつづか》古墳、東馬塚《ひがしうまづか》古墳、栗塚《くりづか》古墳、東山《ひがしやま》古墳、はざみ山《やま》古墳、墓山《はかやま》古墳、野中《のなか》古墳、向墓山《むこうはかやま》古墳、西馬塚《にしうまづか》古墳、浄元寺山《じょうがんじやま》古墳、青山《あおやま》古墳、峯ヶ塚《みねがづか》古墳、白鳥陵《はくちょうりょう》古墳
行政区分	大阪府:堺市、羽曳野《はびきの》市、藤井寺市

「古市エリア」の日本で8番目に大きい仲姫命陵古墳（北から）
写真提供:藤井寺市

日本の古墳文化を知る貴重な遺産

巨大古墳群が物語る古代日本の政治文化の中心

3世紀後半~6世紀後半にかけ、日本では古墳時代に突入する。大阪府の中部に位置する堺市、羽曳野市、藤井寺市の3市には同時代、200基を超える古墳が造られ、現在でも80基を超える古墳が残っている。墳長500m近くに達する前方後円墳から20m台の墳墓まで、大きさと形状に多様性を示す古墳により構成されている。墳丘は葬送儀礼の舞台であり、幾何学的にデザインされ、埴輪などで外観が飾り立てられた。

世界でも独特な鍵穴形の前方後円墳という墳墓が密集しており地理的にも近く、丘陵や大地に立地していることから、一体性と連続性があるとされる。この一帯は古代日本の政治文化の中心地であり、交通の所要でもあったようだ。

3市に分布する「百舌鳥エリア」と「古市エリア」。この二つを合わせて百舌鳥・古市古墳群と呼ばれており、日本古代の文化を物語る貴重な遺産として、2019年に保存状態が良い45件49基の古墳群が世界文化遺産に登録された。

古墳とは?

古墳とは、古代権力者を埋葬するために造られた墳墓(墓)のこと。日本では3世紀後半から約400年の間、土を高く盛り上げた墳丘のある墓が造られた。この墓を「古墳」といい、周りに水をためて濠になっていることもある。古墳時代の前にあたる弥生時代から人々は稲作を始め、水田を中心とした村落・政治集団が形成された。弥生時代の中期にはこのような集団の長の墳丘墓が造られるようになり、その後の古墳時代には国内の広い範囲で大型の古墳が造られるようになった。定説では埋葬者の権力の大きさが古墳の規模に比例していると考えられている。このように王や豪族などの力を示す象徴となった墓は、世界各所に見ることができる。

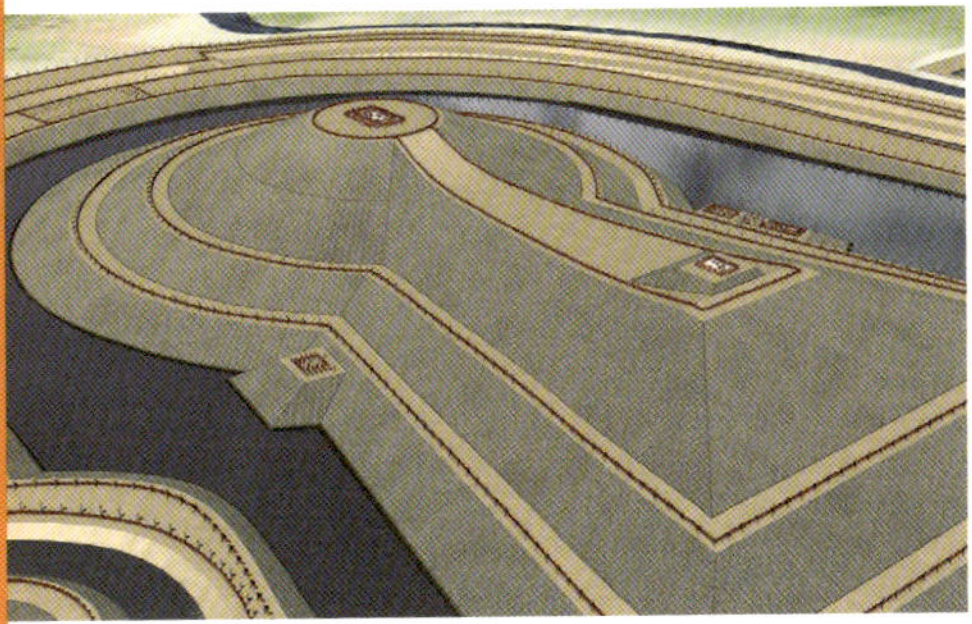

古墳の大きさは10mのものから400mを超える巨大なものまで様々な種類がある
写真提供:百舌鳥・古市古墳群世界遺産保存活用会議

古墳はどう造られた?

古墳は当時の土木技術を活用し、全ての人の力で築造された。百舌鳥エリアにある仁徳天皇陵古墳などの巨大な古墳は、大規模な土木工事が必要となった。墳丘は壕を掘った際の土をそのまま積み上げて造られ、2段、もしくは3段に築かれた。斜面には装飾や崩落防止の意味を込めて「葺石」と呼ばれる大小の石が敷かれた。そして墳丘が完成した後に、頂上部やテラス部などに埴輪が飾り付けられた。

石棺に使う巨石は木製のソリの下に丸太を敷き、墳丘を人力で引っ張ったといわれている。このような大規模な土製構造物を造るには、周到な設計と高度な建築技術、その一連の労働を管理する仕組みがあったと考えられている。

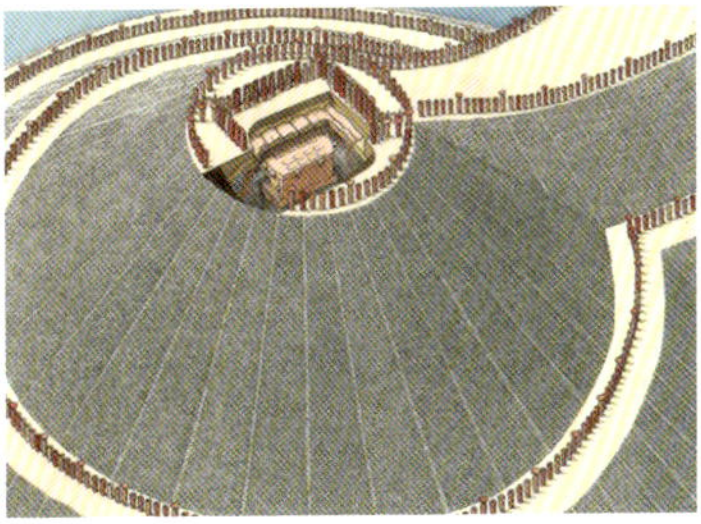

墳丘の上では当時、葬送儀礼(死者を葬るときの儀式)が執り行われ、その儀式の舞台に相応しいように墳丘が飾られた
写真提供:百舌鳥・古市古墳群世界遺産保存活用会議

古墳の構造

古墳が造られた目的として共通しているのは墓であるということ。このため内部には遺体（被葬者）を治めるための埋葬施設が作られる。この埋葬施設は墳丘の上部に置かれ、円墳や方墳であれば真ん中、前方後円墳であれば後円部の真ん中にある。

遺体を収めるのは木で作られた「木棺」や、石で作られた「石棺」と呼ばれる棺。これらのデザインには長持形や舟形、箱形といった様々な形のものが作られている。棺はそのまま地面に埋められることもあるが、**大きな権力を持っていた人は石で築かれた「石室」と呼ばれる部屋のようなものが造られ、そこに納められた。**3世紀から5世紀にかけては墳丘の上から墓穴を掘り、その中に棺を入れる「竪穴式石室」が主流であった。この石室は一度棺を納めて蓋を塞ぐと二度と開けられることがなく、被葬者1人のためだけに造られたものである。

また、埋葬施設の内部には遺体や棺などのほか、**剣や刀、甲冑といった「副葬品」と呼ばれる品物も同じく納められることもある。**

石室は上からあなを掘って棺を入れる「竪穴式石室」のほか、墳丘の横に入口をつくって中心部に部屋を設けた「横穴式石室」も造られた
写真提供:百舌鳥・古市古墳群世界遺産保存活用会議

なるほどCheck! 副葬品

古墳の埋葬施設に一緒に埋められた副葬品には多種多様なものがあり、最も多いのが鉄製の武具だといわれている。当時これらの鉄製品はとても珍しく貴重なもので、これらが大量に納められていることは古墳に葬られている人の力を示す証拠でもある。
このほか、葬られている人が身につけていた耳飾りなどの装身具や、祭祀に用いたとされる「石製模造品」と呼ばれる道具なども副葬されていた。

石室には花飾りや三叉形垂れ飾りなどの豪華な副葬品が納められていた
写真提供:羽曳野市教育委員会

百舌鳥エリア

百舌鳥古墳群は、大阪府堺市に分布する古墳群。「仁徳天皇陵古墳」や「履中天皇陵古墳」など、大規模な前方後円墳が点在している。現在では埋め立てが進み海岸との距離は離れているが、これらの古墳群は当時、今よりも海岸線の近くに造られていた。このため堺地区は国内をはじめ、大陸諸国との海の玄関口となっていた。ここに陵墓を築くことで王権の力を示すモニュメントとして利用されたといわれている。この地域には44基の古墳が現存しており、そのうち23基が世界遺産に登録されている。

空からみた見た百舌鳥エリア
写真提供:堺市世界遺産課

百舌鳥エリアにある履中天皇陵古墳は、日本第三位の長さを誇る墳墓
写真提供:堺市世界遺産課

あれこれPoint! 仁徳天皇陵古墳

日本最大の墳墓である「仁徳天皇陵古墳」。陵墓がある場所は「だいせん」と呼ばれている
写真提供:堺市世界遺産課

百舌鳥エリアにある仁徳天皇陵古墳は日本最大の墳墓であり、墳丘長486m、高さ35m、体積140㎥と世界でも最大級の大きさを誇る。この古墳が築造されたのは5世紀中ごろで、埋葬されたのが誰かは明らかにされていないが、宮内庁により第16代仁徳天皇の陵墓に治定されている。3重の壕と2重の堤があり、外側の拝所の手前まで立ち入ることができる。

古市エリア

古市古墳群は、大阪府羽曳野市と藤井寺市に分布する古墳群。国内で2番目の大きさを誇る「応神天皇陵古墳」や「仲哀天皇陵古墳」など、百舌鳥古墳群に引けをとらない規模の古墳群が点在している。「仲哀天皇陵古墳」は、室町時代には城として使われていたという歴史もある。この一帯は、当時の奈良県にあったヤマト王権の中枢部にも近く、古来より「近つ飛鳥」と呼ばれた場所に隣接している。この地域には45基の古墳が現存しており、そのうち26基が世界遺産に登録されている。

空から見た古市エリア　写真提供:羽曳野市世界遺産課

古市エリアにある「仲哀天皇陵古墳」。城として使われた歴史をもつため、墳丘は改変されている
写真提供:藤井寺市教育委員会

あれこれPoint!

応神天皇陵古墳

第15代天皇である応神天皇の墓とされる「応神天皇陵古墳」。そばに誉田八幡宮が隣接
写真提供:羽曳野市教育委員会

古市エリアにある応神天皇陵古墳は、墳丘長425m、高さ36m、体積143㎥と全国2番目の規模を持つ古墳。体積は仁徳天皇陵を凌ぐともいわれ、周濠は2重だが陪冢といわれる付属墳は8基が確認されている。この墳墓は仁徳天皇の父である、応神天皇の墓に治定されている。かつては後円部の頂上に六角形の宝塔があったという。

●古市エリア／構成資産一覧

NO	構成資産の名称	所在地
22	津堂城山古墳	藤井寺市
23	仲哀天皇陵古墳	
24	鉢塚古墳	
25	允恭天皇陵古墳	
26	仲姫命陵古墳	
27	鍋塚古墳	
28	助太山古墳	
29	中山塚古墳	
30	八島塚古墳	
31	古室山古墳	
32	大鳥塚古墳	
33	応神天皇陵古墳、誉田丸山古墳、二ツ塚古墳	羽曳野市
33-1	応神天皇陵古墳	
33-2	誉田丸山古墳	
33-3	二ツ塚古墳	
34	東馬塚古墳	
35	栗塚古墳	
36	東山古墳	藤井寺市
37	はざみ山古墳	
38	墓山古墳	羽曳野市、藤井寺市
39	野中古墳	藤井寺市
40	向墓山古墳	羽曳野市
41	西馬塚古墳	
42	浄元寺山古墳	藤井寺市
43	青山古墳	
44	峯ヶ塚古墳	羽曳野市
45	白鳥陵古墳	

●百舌鳥エリア／構成資産一覧

NO	構成資産の名称	所在地
1	反正天皇陵古墳	堺市
2	仁徳天皇陵古墳、茶山古墳及び大安寺山古墳	
2-1	仁徳天皇陵古墳	
2-2	茶山古墳	
2-3	大安寺山古墳	
3	永山古墳	
4	源右衛門山古墳	
5	塚廻古墳	
6	収塚古墳	
7	孫太夫山古墳	
8	竜佐山古墳	
9	銅亀山古墳	
10	菰山塚古墳	
11	丸保山古墳	
12	長塚古墳	
13	旗塚古墳	
14	銭塚古墳	
15	履中天皇陵古墳	
16	寺山南山古墳	
17	七観音古墳	
18	いたすけ古墳	
19	善右ヱ門山古墳	
20	御廟山古墳	
21	ニサンザイ古墳	

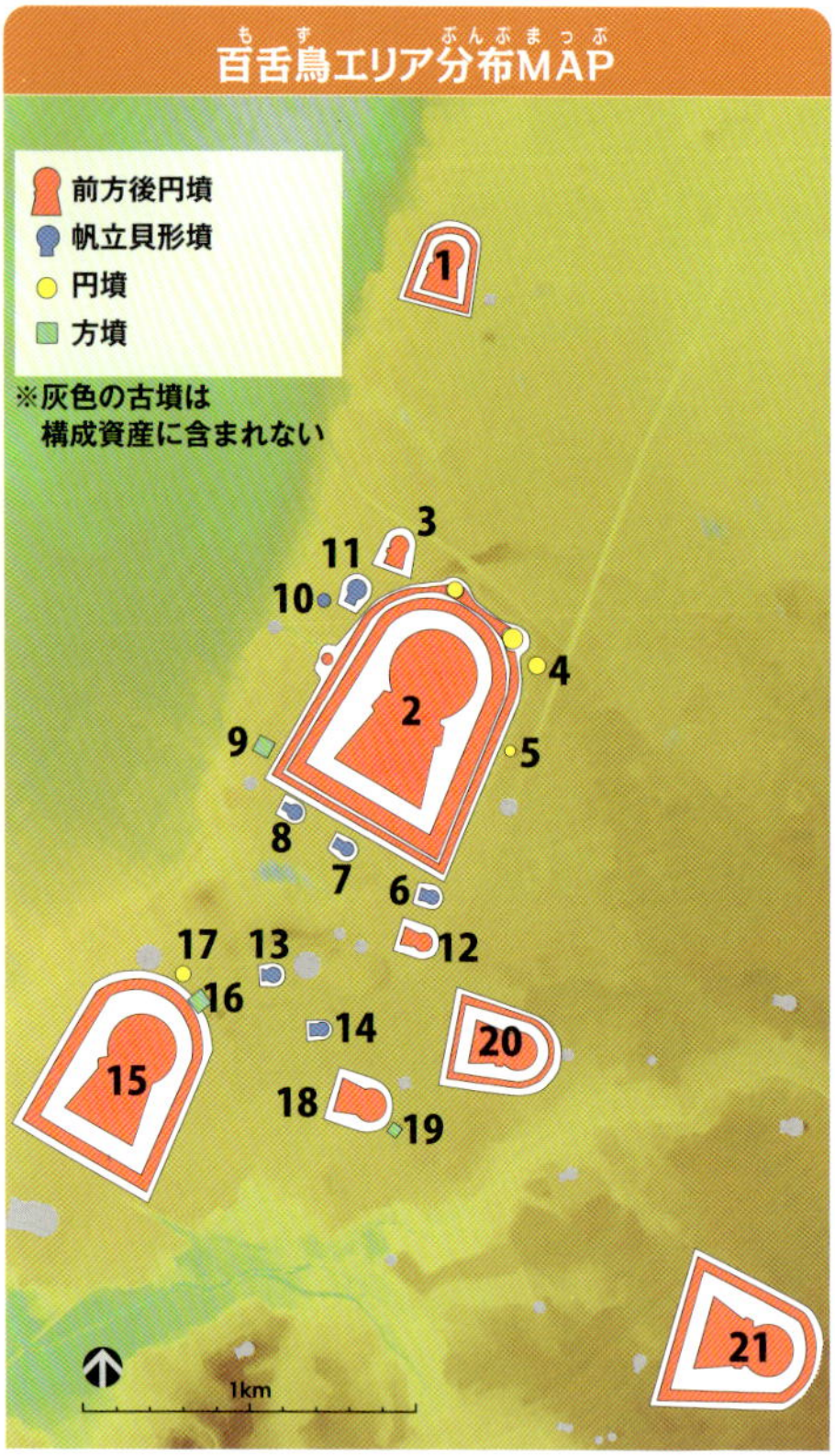

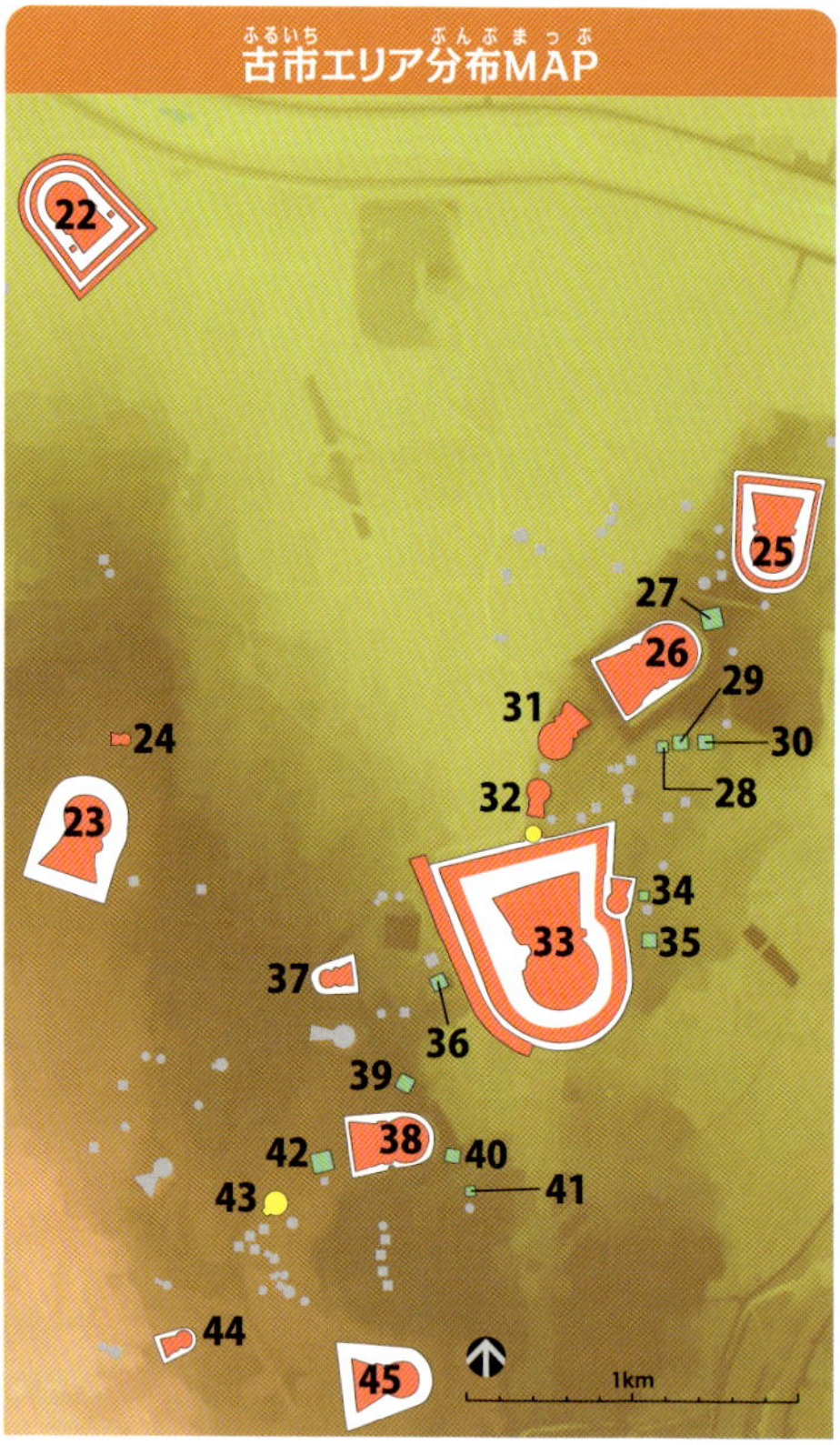

百舌鳥·古市古墳群世界遺産保存活用会議の資料を元に改変

なるほどCheck! 様々な形の古墳

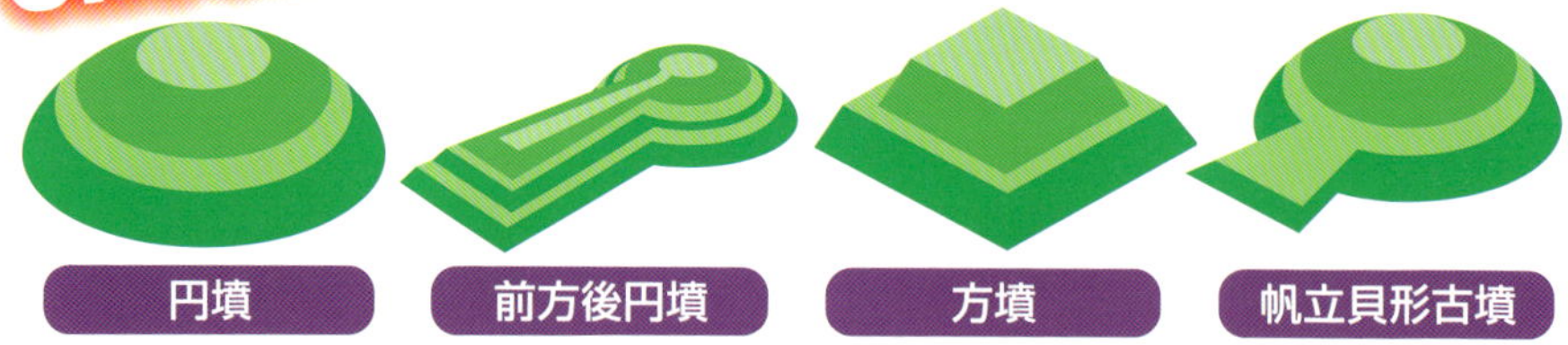

日本の古墳といえば鍵穴型の前方後円墳が有名である。しかし、その他にも古墳には様々な形のものが造られている。その中でも高いランクに位置づけられていたのが前方後円墳で、王やその一族が埋葬されているといわれている。その他、百舌鳥・古市古墳群には、帆立貝形古墳、円墳、方墳と４つの形の古墳が世界遺産に登録されている。

長崎《ながさき》と天草地方《あまくさちほう》の潜伏《せんぷく》キリシタン関連遺産《かんれんいさん》

大浦天主堂 ©2020長崎の協会群情報センター

登録内容

遺産種別	文化遺産
登録年	2018年
登録基準	3
登録遺産面積	コアゾーン5,566.55 ha、バッファゾーン 12,252.52 ha
登録対象資産	原城跡《はらじょうあと》、平戸《ひらど》の聖地と集落（春日《かすが》集落と安満岳《やすまんだけ》、中江ノ島《なかのえしま》）、天草の﨑津《さきつ》集落、外海《そとめ》の出津集落、外海《そとめ》の大野集落、黒島《くろしま》の集落、野崎島《のざきじま》の集落跡、頭ヶ島《かしらがしま》の集落、久賀島《ひさかじま》の集落、奈留《なる》島《しま》の江上《えがみ》集落（江上天主堂《えがみてんしゅどう》とその周辺）、大浦天主堂《おおうらてんしゅどう》
行政区分	長崎県南島原《みなみしまばら》市、平戸市、長崎市、佐世保市、小値賀《おぢか》町、新上《しんかみ》五島《ごとう》町、五島市、熊本県天草市

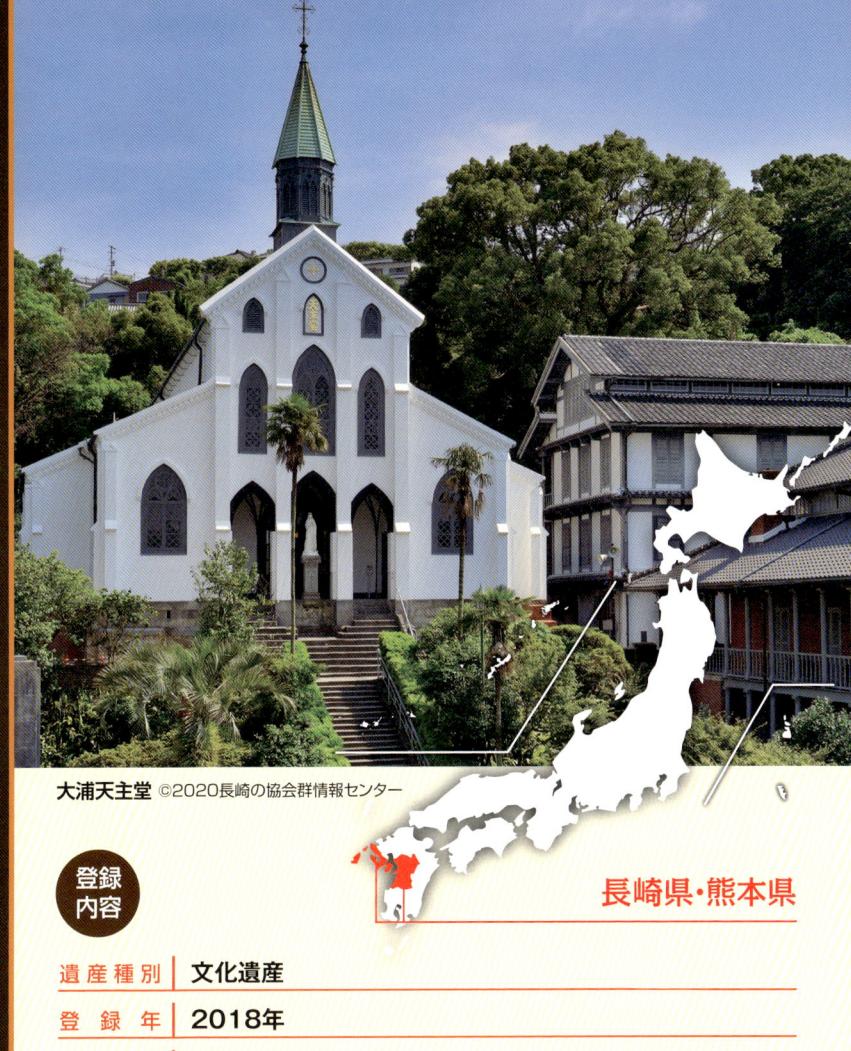

野崎島の集落跡（北松浦郡小値賀町）。19世紀以降に潜伏キリシタンが神道の聖地であった野崎島へと移住し、未開の地を開拓しながら信仰を続けた。

禁教期に密かに信仰を続ける中で育んだ文化的伝統

弾圧を受けながらも密かに信仰を続けた歴史を物語る

かつてキリスト教が禁じられている中、250年にも渡って沈黙を守り、神道や仏教など日本の伝統的宗教や一般社会と共生しながら、ひそかに信仰を続けた潜伏キリシタンの信徒達。

16世紀後半、海外と交流のあった長崎と天草地方にキリスト教の宣教師が定住し、布教活動をおこなった。これにより長崎と天草地方では、他の地域と比べて強い信仰組織が生まれたが、外国の影響を嫌った江戸幕府によりキリスト教の信仰は禁じられた。また1637（寛永14）年の「島原・天草一揆」に多くのキリスト教徒が参加したことで取り締まりはさらに厳しくなり、1644（正保元）年には日本国内で最後の宣教師が殉教してしまった。

宣教師不在の中、教徒たちは「潜伏キリシタン」として生活し、禁教が解かれるまで密かに信仰を続けた。これらの伝統と歴史を今に物語る他に例を見ない証拠として、協会と集落を含めた12の資産が評価され2018年に世界遺産に登録された。

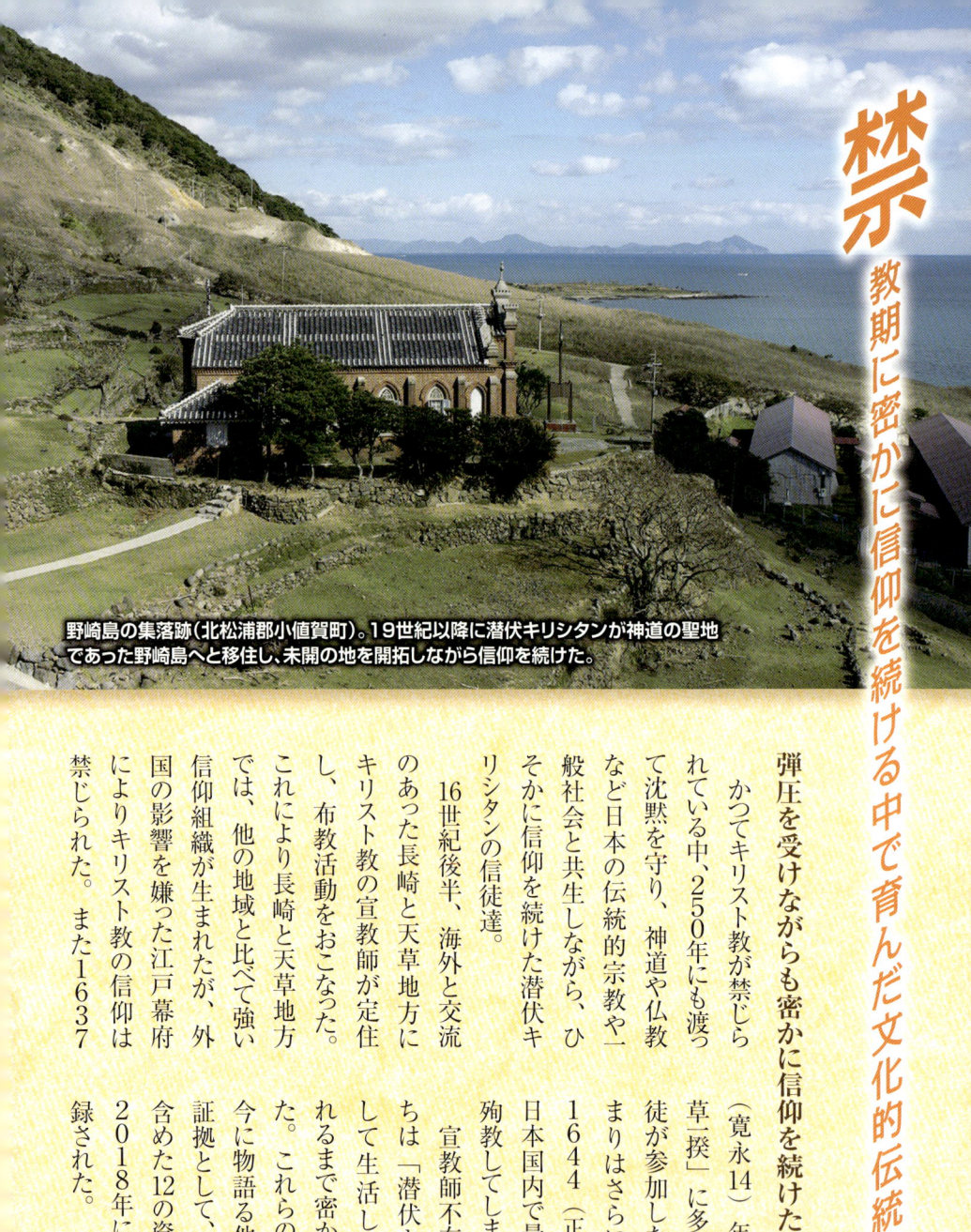

エリア分布《ぶんぷ》MAP

①原城跡

「島原・天草一揆」の主戦場跡であり、キリシタンが潜伏した独自の信仰を続けるきっかけとなった場所。

②平戸の聖地と集落(春日集落と安満岳)

古くから自然崇拝や山岳信仰の対象とされた安満岳を、自らの信仰と重ねて崇拝した集落。

③平戸の聖地と集落(中江ノ島)

キリシタンが処刑された中江ノ島を殉教地として崇敬。湧水を聖水として汲む「お水取り」が行われた。

④天草の佐津集落

構成資産のうち唯一熊本県に位置し、身近なものを信心具として代用しながら信仰を継続した集落。

⑤外海の出津集落

キリスト教由来の聖画像をひそやかに拝み、また教理書や教会暦などをよりどころに信仰を続けた集落。

⑥外海の大野集落

神社崇拝に信仰対象を重ねて信仰を続けた集落。解禁後は集落の中心に教会堂が建てられた。

⑦黒島の集落

平戸藩の牧場跡の再開発地に移住し、仏教寺院で仏教徒を装いながら共同体を維持した集落。

⑧野崎島の集落跡

神道の聖地であった島に移住し、神社の氏子となって表向きは神道を装い共同体を維持した集落。

⑨頭ヶ島の集落

病人の療養地として人が近づかなかった頭ヶ島に移住し、開拓しながら共同体を維持した集落。

⑩久賀島の集落

五島藩の政策に従って未開地に移住し、漁業や農業で島民と協力しながら共同体を維持した集落。

⑪奈留島の江上集落(江上天主堂とその周辺)

人里離れた谷間に移住し、信仰を継続。解禁後はカトリックに復帰して教会堂を建てた。

⑫大浦天主堂

現存する教会の中で日本最古の教会建築。開国により来日した宣教師と潜伏キリシタンが出会い、転機が訪れる「信徒発見」の舞台。

原城跡

島原半島南部に位置する原城跡は、**キリシタンが「潜伏」を始めるきっかけとなった場所。** 17世紀、キリシタン大名である有馬晴信が原城を建築し、島原半島一帯にキリスト教を布教していた。しかし領主が松倉重政に代わると、一転してキリシタンの弾圧と重税などの厳しい統治が始まり、領民は苦しめられた。

これに対し天草（益田）四郎を筆頭に領民が反乱、多くのキリシタンも参加して幕府と戦った（島原・天草一揆）。4ヵ月にわたる戦いの末、キリシタンを含む一揆勢はほぼ全員が殺され敗北し、幕府軍が完全に勝利を納めた。

この一揆を受け幕府は宣教師が侵入ししている可能性のあるポルトガル船の来航を禁止するなど、海禁体制（鎖国）を確立。国内に宣教師も不在となり、これによりキリシタンが「潜伏」し、密かに独自の信仰を続け、移住先を選択する等の試みを行っていくことになった。

天草諸島を望む景勝地としても知られる「原城跡」
写真提供:長崎県

島原・天草一揆

なるほどCheck!

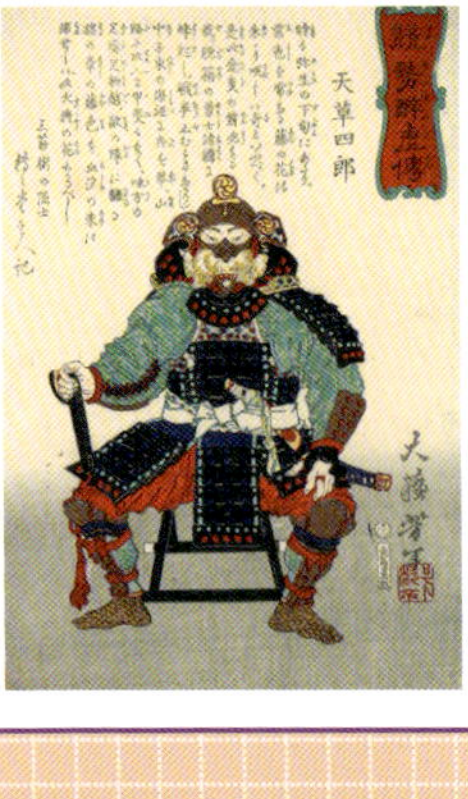

若干16歳で一揆軍の総大将を担った天草四郎

島原藩主・松倉氏は領民に対し高い年貢の取り立てを行い、またキリシタン弾圧において厳しい処罰を加えるなどの悪政を強いていた。さらに1637（寛永 14）年に起こった飢饉も重なり、島原半島と天草地方では領民が蜂起を始めた。
この一揆では、天草（益田）四郎を総大将として、廃城となっていた原城に約２万数千人が立て籠もった。対する幕府軍は 12 万人の軍勢で対抗し、長期の籠城戦の末に兵糧攻めによって疲弊した一揆勢は敗れ、城も原型が無くなるほど破壊された。

平戸の聖地と集落

春日集落は平戸島の北西に形成された潜伏キリシタンの集落である。**宣教師であるフランシスコ・ザビエルが平戸を訪れてキリスト教の布教に励んだ**ことで春日集落にキリスト教が広まった。

禁教期に入ると、春日集落の人々は、表面上は仏教を信仰しながら信心具を家に隠したり、古くから山岳信仰の対象とされてきた安満岳に祈りを捧げていた。

平戸島から沖合約2㎞に位置する無人島・中江ノ島は、禁教初期に多くのキリシタンたちが処刑された場所である。春日集落などの潜伏キリシタンたちは中江ノ島を殉教地として拝み、信仰の対象とした。また島の岩からしみ出すわき水を聖水として汲み訪れる「お水取り」という儀式を行う聖地ともされた。

美しい棚田が広がる春日集落の風景
写真提供:(一社)長崎県観光連盟

外海の出津集落

長崎市の北西部に位置する外海地区では、1571（元亀2）年に宣教師がキリスト教の布教活動を行い、多くの領民がキリスト教徒となった。しかし、禁教令の発布後に潜伏キリシタンが多数発見され、徹底した禁教の統制が敷かれた。

こうした中、**出津集落の潜伏キリシタンたちは聖画像をひそかに拝み、教理書や教会暦を拠りどころに信仰を続けた。**また、この地域から多くの潜伏キリシタンが五島列島などに移住し、各所で祈りをつなげていった。

1882(明治15)年にフランス人のド・ロ神父により集落の中心に建てられた出津教会堂
写真提供:(一社)長崎県観光連盟
※写真掲載については長崎大司教区の許可を取得済み

奈留島の江上集落（江上天主堂とその周辺）

奈留島は五島列島の真ん中にあり、禁教令によりいったん信仰の歴史は途切れた。しかし久賀島と同じく外海の移民を受け入れたことで潜伏キリシタンの祈りが持ち込まれた。ここでは人々はキビナゴ漁で生計を立て、集落を形成していった。

禁教令廃止後、潜伏キリシタンたちはカトリックへ復帰し、漁で得た資金を持ち寄り1918（大正7）年に奈留島の風土に適応するよう、**高床や通風口といった工夫が施された江上天主堂を建てた。**

湿気対策が施された木造教会の江上天主堂
写真提供:（一社）長崎県観光連盟
※写真掲載については長崎大司教区の許可を取得済み

大浦天主堂

長崎地方の南部の長崎港に面した高台にあるの大浦天主堂。「明治日本の産業革命遺産」として世界遺産に登録された旧グラバー住宅のある「グラバー園」の隣にそびえている。

1854（寛永7）年、日本はアメリカの要求により開国し、函館、神奈川、長崎の港が開かれたことで、長崎には外国人居留地が広がっていった。大浦天主堂はこの居留地に暮らす外国人のために建てられた。**この教会に潜伏キリシタンが訪れ、宣教師に密かに祈りを継承していたことを告白した史実が「信徒発見」である。**

この宣教師と潜伏キリシタンの接触は、キリシタン集落の新たな信仰の転機となった。1873（明治6）年、欧米諸国による非難を受け、ついに明治政府が禁教を廃止し、キリスト教を公認することとなった。

ゴシック様式の建築でひと際存在感のある大浦天主堂

天主堂の内部は明るく美しいステンドグラスなどがはめ込まれている
大浦天主堂の写真提供:©2020長崎の教会群情報センター

「神宿《かみやど》る島《しま》」宗像《むなかた》・沖ノ島《おきのしま》と関連遺産群《かんれんいさんぐん》

玄界灘に浮かぶ沖ノ島

登録内容

遺産種別	文化遺産
登録年	2017年
登録基準	2・3
登録遺産面積	コアゾーン98.93ha、バッファゾーン79,363.48ha
登録対象資産	宗像大社沖津宮《むなかたたいしゃおきつみや》（沖ノ島《おきのしま》、小屋島《こやじま》、御門柱《みかどばしら》、天狗岩《てんぐいわ》） 宗像大社沖津宮遙拝所《むなかたたいしゃおきつみやようはいしょ》、宗像大社中津宮《むなかたたいしゃなかつみや》、宗像大社辺津宮《むなかたたいしゃへつみや》、 新原《しんばる》・奴山古墳群《ぬやまこふんぐん》
行政区分	福岡県：宗像市、福津市

沖ノ島宗像大社沖津宮

自然崇拝という日本の信仰の原風景を今に伝える

玄界灘に浮かぶ孤島で女神が見守る

宗像市より60㎞の玄界灘にある沖ノ島。日本と朝鮮半島の中間点にあり、陸から遠く離れた孤島。周囲4㎞の小さな島は、古代より「神宿る島」として島そのものが信仰の対象となっている。

4〜9世紀の頃、東アジアでは海を越えた交流が活発だったという。日本は古墳〜奈良〜平安時代に該当する時期で、大和朝廷の国家祭祀も行われていた。7世紀後半には、大島や九州においても沖ノ島と共通する古代祭祀が行われるようになり、宗像三女神への信仰が生まれた。

沖ノ島、沖ノ島を起源とする信仰の場である宗像大社中津宮、宗像大社辺津宮、古代の沖ノ島祭祀を担った宗像氏の墳墓群である新原・奴山古墳群、渡島が厳しく制限されている沖ノ島を遠くから拝む宗像大社沖津宮遙拝所からなる5つが一体となり、古代から今日まで継承されてきた信仰と伝統が評価されて世界遺産に登録された。

沖ノ島全体が信仰の対象 いまも残る独自の文化

沖ノ島は島全体が宗像大社《むなかたたいしゃ》沖津宮《おきつみや》の御神体で、田心姫神《たごりひめのかみ》を祀り、「神宿る島」として信仰の対象となっている。いまでも宗像大社から奉祀を行うため10日交代でやってきている神職以外は基本的に上陸が認められず、その神職さえも、必ず始めに着衣を全て脱いで海に浸かり心身を清めなければ、入島できない。

厳しい禁忌を貫くことで、現代まで自然崇拝に基づく古代祭祀の変遷を示す遺跡がほぼ手つかずの状態で受け継がれてきた。江戸時代に禁忌を破って祟りがあったという伝承もある。

沖ノ島の祭祀の場は、巨岩の上に始まり、巨岩の陰、露天の平坦地へと移行し、宗像三女神に対する信仰はその間に形成された。祭祀に用いられた神への奉献品の変遷は、各時期の対外交流のあり方を証明している（詳細はP58）。遺物は鏡や玉類、武器、馬具、装身具など8万点に及び、その全てが国宝に指定されている。

あれこれPoint! 沖ノ島の禁忌

いまも禁忌が継承されることで、沖ノ島の古代祭祀遺跡はほぼ手つかずの状態で、その信仰と伝統が守られている。

●不言様《おいわずさま》

沖ノ島で見たり聞いたりしたものは一切口外してはならない。

●一木一草一石たりとも持ち出してはならない

沖ノ島からは一切何も持ち出してはならない。

●上陸前の禊《みそぎ》

衣服を全て脱ぎ、海中で心身を清める。

※沖ノ島には上陸できません。

大陸との要路に降臨した宗像三女神は航海の守り神

宗像三女神は天照大神《あまてらすおおみかみ》と素戔嗚尊《すさのおのみこと》の誓約《うけい》のもとに誕生したと『古事記』『日本書紀』に記されている。天照大神の神勅によって大陸との交通の要路に降臨し、**航海の守り神**として国家的に重要だった。日本と朝鮮半島のほぼ中間地点には沖ノ島（沖津宮）、要路を結ぶようにして大島に中津宮、九州に辺津宮がある。

宗像大社沖津宮遙拝所《むなかたたいしゃおきつみやようはいしょ》

渡島できない沖ノ島を、遥拝（遥か遠くから拝むこと）するため大島に設けられた。階段の手前にある石碑に「寛延三年」（1750年）と刻まれていることから、当時からこの場所に遥拝所があったと推測される。現在の建物は、昭和8（1933）年に建立されたもの。

大島の北側にあり、空気が澄んだ日は沖ノ島を望むことができる

宗像大社中津宮《むなかたたいしゃなかつみや》

宗像三女神の一柱である**湍津姫神**《たぎつひめのかみ》が祀られている社殿。裏手にある御嶽山の山頂には、沖ノ島と同時期に祭祀が行われていた**御嶽山祭祀遺跡**があり、現在は御嶽神社となっている。中津宮社殿は、福岡県の有形文化財に指定されている。

中津宮の周囲は大島島内の末社が集められ、合わせて祀られている

現在の辺津宮の本殿・拝殿は 16 世紀末に再建。国の重要文化財に指定されている

宗像大社辺津宮《むなかたたいしゃへつみや》

宗像三女神信仰の中心地で、市杵《いちき》島姫神《しまひめのかみ》が祀られている。九州本土の旧入海に面した宗像山中腹では、沖ノ島と共通する祭祀が行われた。その遺跡の一部は高宮祭場として整備され、現在も神事が行われている。

新原《しんばる》・奴山古墳群《ぬやまこふんぐん》

5~6世紀にかけて海を越えた交流の担い手として沖ノ島祭祀を行い、信仰の伝統を育んだ古代豪族・宗像氏の墳墓群。前方後円墳5基、方墳1基、円墳35基の計41基が現存するのは、入海に面し沖ノ島へと続く海を一望する丘陵地で、沖ノ島に対する宗像地域の人々の信仰が感じられる。

なお、桜京古墳・東郷高塚古墳、そして新原・奴山古墳群を包括する津屋崎古墳群の勝浦峯ノ畑古墳や宮地嶽古墳など、ほかにも古墳は点在しており、これらはみな古代宗像氏の繁栄を物語っている。

いまは田園風景となっている新原・奴山古墳群

なるほどCheck!

古くから貴重な宝物が奉納されてきた沖ノ島
海の正倉院とも称される神宝と古代祭祀の変遷

船載品を含む神への奉献品は、古代祭祀の変遷や各時期の対外交流のあり方を証明している。日本では8世紀以前は文字による記録がほとんど残っていない中で、古代祭祀の様子をうかがうことができ、信仰の形成過程を知る上で欠かせない。発見された約8万点が一括で国宝に指定されている。

岩上祭祀　4世紀後半～5世紀

巨岩の上の岩と岩とが重なった隙間に、銅鏡や鉄剣などの武具、勾玉などの玉類を中心に奉献品が納められていた。当時の古墳に副葬された品々と共通するのが特徴。5世紀中頃には、巨岩の上に石の祭壇も設けられている。

三角縁神獣鏡《さんかくぶちしんじゅうきょう》。鏡・剣・玉は日本神話の「三種の神器」としてあげられる

岩陰祭祀　5世紀後半～7世紀

突き出た巨岩の陰に納められた奉献品には、鉄製武器や刀子・斧などのミニチュア製品、朝鮮半島からもたらされた金銅製の馬具などがある。さらにイラン製のカットグラス碗片もあり、当時の交流をうかがえる。

新羅の王陵から出土されたものとよく似ている金製指輪

半岩陰・半露天祭祀　7世紀後半

わずかな岩陰と露天にまたがって納められた。奉献品は、従来のように古墳の副葬品と共通しない金銅製の紡織具や人形、琴、祭祀用の土器など。

この時期、中国大陸を統一した隋に代わった唐と新羅によって朝鮮半島の百済が滅ぼされる激動の時代だった。日本も国家のあり方が変わらざるおえない時期で、祭祀も変化を遂げたと考えられる。

金銅製龍頭。当時の中国で作られたとされており、出土例は沖ノ島だけという大変貴重なもの

露天祭祀　8世紀～9世紀

露天の平坦地に設けられた祭壇のような遺構の周辺には、多種多様な土師器・須恵器や、人形・馬形・舟形といった滑石製形代など大量の奉献品が残されていた。これらの奉献品は、宗像地域独特の形状や材質で製作されており、地域の伝統として祭祀が行われていたと推測される。

祭祀のためだけに作られた側面に穴が空いた土器。当時の宗像地域特有の形状を有している

ル・コルビュジエの建築作品《けんちくさくひん》―近代建築運動《きんだいけんちくうんどう》への顕著《けんちょ》な貢献《こうけん》―

国立西洋美術館の外観正面

登録内容

遺産種別	文化遺産
登録年	2016年
登録基準	1・2・6
登録対象資産	日本を含むフランス・ドイツ・アルゼンチン・ベルギー・インド・スイスの三大陸7カ国に17の資産
行政区分	日本においては東京都台東区

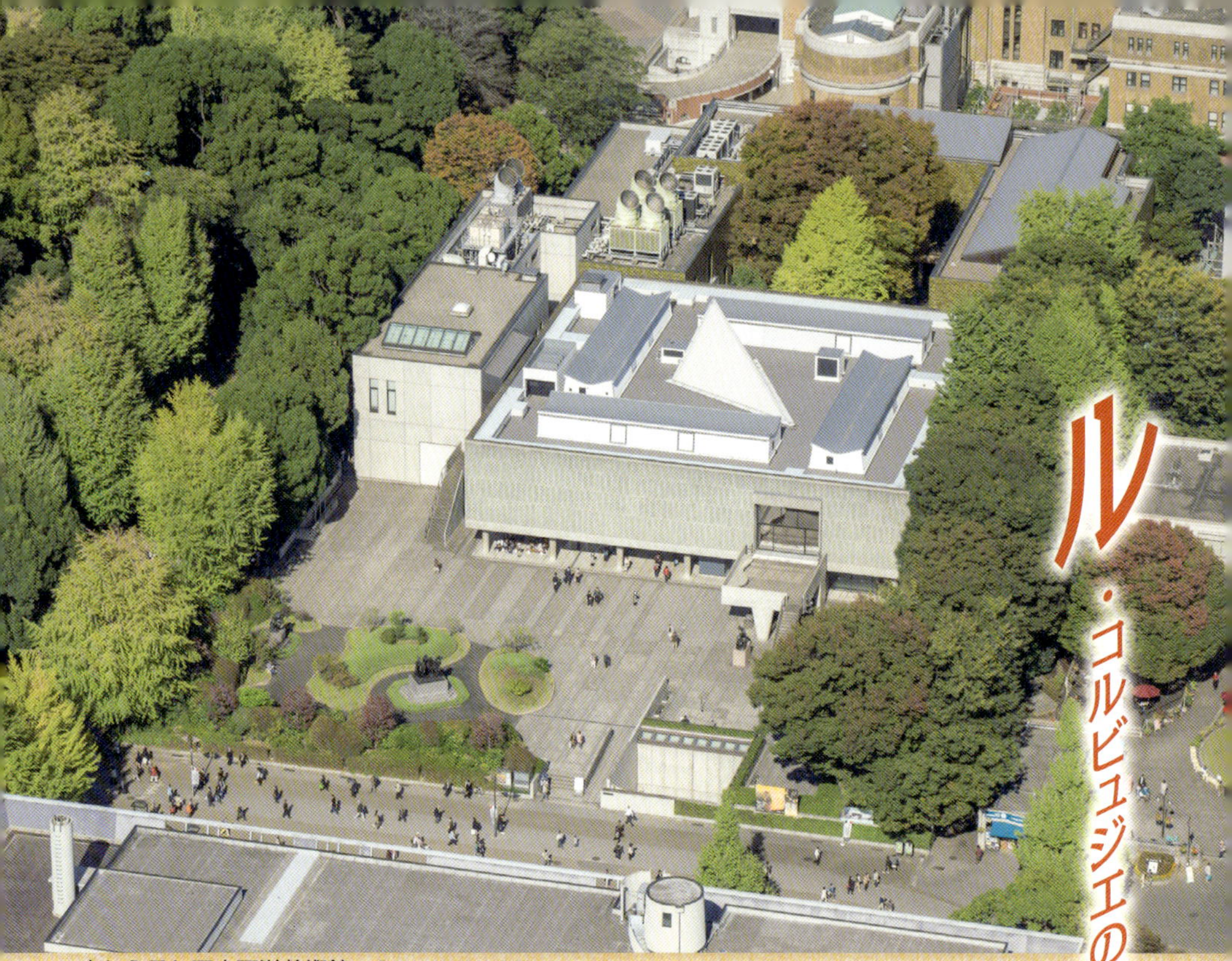

空から見た国立西洋美術館　©国立西洋美術館

ル・コルビュジエの設計による東アジア唯一の建築物

建築のもつ力を最大限に発揮した無限成長美術館

国立西洋美術館は、第二次世界大戦でフランス側に接収されていた「松方コレクション（美術品）」の寄贈返還を受けるにあたり、フランスから受け入れ先の美術館の建設を求められたことからつくられた。

近代建築の巨匠のひとりであるル・コルビュジエに設計を依頼したのは、日本に彼の弟子（P64参照）がいたからだといわれる。

国立西洋美術館は1959年3月に本館が竣工。1998年には地域に根ざした優れた公共施設として建設省より「公共建築百選」に選定され、2007年には国の重要文化財（建造物）に指定され、2016年に世界遺産への登録が決まった。

収蔵品数の増加に対して、建物を拡張して対応する「無限成長美術館」の基本的な原理に基づいて設計された代表例として普遍的価値が認められている。

日本においても近代建築運動に大きく貢献

1920年代初期から60年代半ばにかけて設計・建築されたル・コルビュジエの建築作品は、半世紀にわたる「近代建築運動」の歴史を証明するものである。

近代建築運動とは、これまで古典主義、ロマン主義、折衷主義といった19世紀以前の様式建築を批判して、鉄骨やガラス、鉄筋コンクリートなど新材料による新構造方式を発展させ、近代社会にあった建築をすすめようとした運動のことで、20世紀の建築に大きな影響を与えた。それは欧米のみならず日本においても大きな影響を与えた。

2016年、世界遺産に登録されたのは国立西洋美術館を含むル・コルビュジエが設計した7ヵ国17作品。20世紀の「近代建築運動」に大きな影響を与えたことなどが評価された。歴史的建造物ではなく、20世紀に建てられた建築物が世界遺産になったというのは特筆すべきことといえる。

ル・コルビュジエ
(1887-1965)

スイス生まれ。家業を継ぐため時計職人を養成する学校に進学するが、在学中に建築の才能を見出され建築の道に進む。パリやドイツの建築事務所で研鑽をつみ、1925年のパリ万博で異彩を放つ建築家として脚光を浴び、「近代建築の三大巨匠」として位置付けられる。本名はシャルル＝エドゥアール・ジャンヌレ＝グリ。「ル・コルビュジエ」は雑誌のなかで使ったペンネーム。

ル・コルビュジエの17の登録資産

【フランス（10資産）】
ラ・ロッシュ＝ジャンヌレ邸
サヴォア邸と庭師小屋
ペサックの集合住宅
カップ・マルタンの休暇小屋
ポルト・モリトーの集合住宅
マルセイユのユニテ・ダビタシオン
ロンシャンの礼拝堂
ラ・トゥーレットの修道院
サン・ディエの工場
フィルミニの文化の家

【日本（1資産）】
国立西洋美術館

【ドイツ（1資産）】
ヴァイセンホフ・ジードルングの住宅

【スイス（2資産）】
レマン湖畔の小さな家
イムーブル・クラルテ

【ベルギー（1資産）】
ギエット邸

【アルゼンチン（1資産）】
クルチェット邸

【インド（1資産）】
チャンディガールのキャピトル・コンプレックス

巨匠ル・コルビュジエの情熱と癒しを感じるプロムナード

「近代建築の5つの要素」が体験できる国立西洋美術館は、真っ直ぐな直線で構成される心地よい空間となっているのが興味深い。

国立西洋美術館の1階入り口付近にある「ピロティ」は、建物を持ち上げてできた空間で、創建時は展示スペースとしても利用されていたが、現在は正面の柱1列を残して室内化されている。

ピロティを抜けて1階入り口から美術館の中心にある「19世紀ホール」へ。三角形のトップライトからは、やわらかな自然光が差し込み、柱と梁は姫小松という木の型枠にコンクリー

ピロティ

19世紀ホール

なるほどCheck!

展示作品を眺めながら建築を楽しむ建築的プロムナード

国立西洋美術館は、一筆書きするかのように館内をぐるりと一巡できるように設計されている。1階のエントランスから「19 世紀ホール」を抜け、2階の展示室に進みながら空間を体感。これはル・コルビュジエが目指した「建築的プロムナード（散策路）」といわれる。

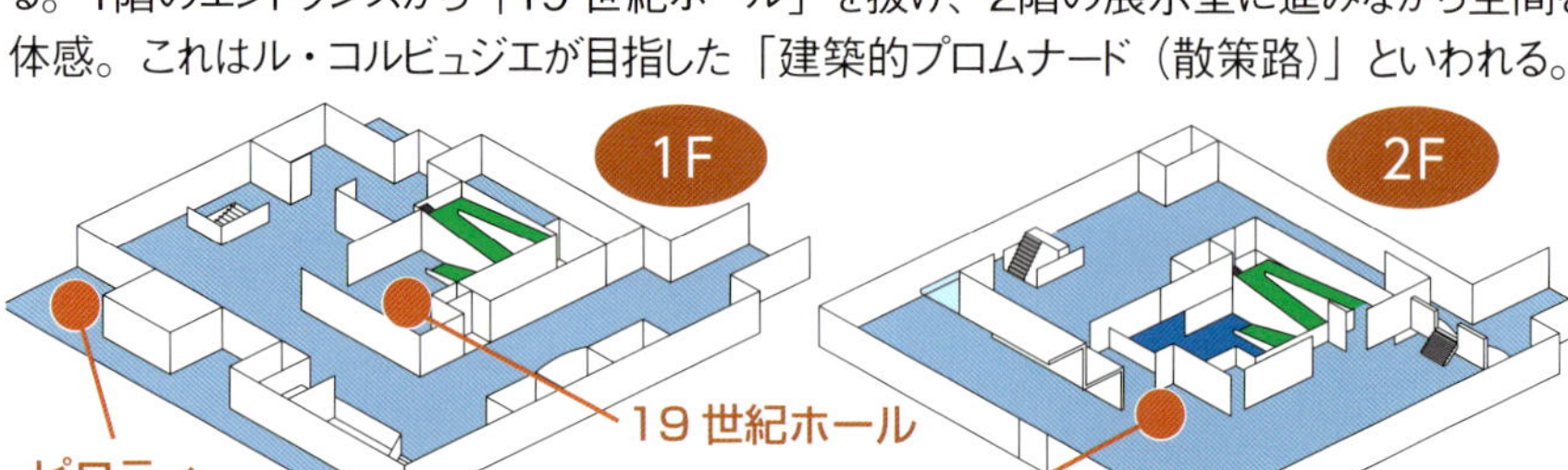

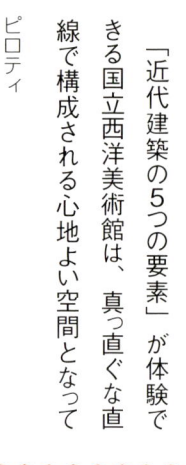

トを流し込んで作られており、美しく浮き出た木目は本物と見間違うほど。斜路（スロープ）は、上るほどに景色が変わるので、展示作品の見え方も変わっておもしろい。

ル・コルビュジエによるプロムナードに誘われて、上階へ進むと19世紀ホール

本館2階展示室

を取り囲むように配された「本館2階展示室」が広がる。2か所のバルコニーからはホールを見下ろしたり、もう一方のバルコニーの奥へ視線が抜けたり、豊かな空間構成を感じることができる。

国立西洋美術館は、ル・コルビュジエが、人体の寸法と黄金比から作った寸法「モデュロール」を採用していることが特徴といえる。

本館2階展示室の低い天井、中3階（非公開）の天井の高さは226㎝、バルコニーの手すりの高さは113㎝になっている。さらに、柱は635㎝間隔で均等に立てられている。

柱の間隔もモデュロール寸法で決められている

近代建築の5つの要点　あれこれPoint!

ル・コルビュジエによって提唱されたもので、「近代建築の5原則」と訳されることもある。

❶ ピロティ
❷ 屋上庭園
❸ 自由な間取り（平面）
❹ 横長の窓（水平連続窓）
❺ 自由な立面（ファサード）

写真提供：国立西洋美術館

ル・コルビュジエの日本人の弟子

吉阪《よしざか》 隆正《たかまさ》 (1917－1980年)

大学セミナー・ハウス（1965 年）

東京都出身。早稲田大学大学院修了後、同校助手になる。1950 年戦後第 1 回フランス政府給付留学生として渡仏し、1952 年までル・コルビュジエのアトリエに勤務。帰国後、大学構内に吉阪研究室（後に U 研究室へ改称）を設立して建築設計活動を開始し、モダニズム建築を日本で実践。

主な作品

アテネフランセ（1962年）、江津市庁舎（1962年）、涸沢ヒュッテ（1963年）など

坂倉《さかくら》 準三《じゅんぞう》 (1901－1969年)

岐阜市民会館（1967 年）

岐阜県出身。1927 年東京帝国大学文学部美術史学科美術史を卒業。兵役に就いた後、フランスに渡ってパリの大学で建築を学ぶ。1931 年ル・コルビュジエの建築設計事務所に入り、1937 年パリ万国博覧会で日本館の設計を手がけ、万国博最高大賞を受賞する。1940 年に坂倉準三建築研究所創設。

主な作品

神奈川県立近代美術館（1951年）、駐仏日本大使公邸（1967年）、宮崎県総合博物館（1971年）など

前川《まえかわ》 國男《くにお》 (1905－1986年)

国立国会図書館本館（1961 年）

新潟県出身。1928 年に東京帝国大学建築学科を卒業して渡仏。ル・コルビュジエの設計事務所に入所し、1930 年に日本に戻ってアントニン・レーモンドの設計事務所に入所。1935 年に自分の事務所を構え、戦前・戦後を通じて日本の近代建築の歴史に大きな足跡を残す。「モダニズム建築の旗手」ともいわれる。

主な作品

東京文化会館（1961年）、埼玉県立自然史博物館／現・埼玉県立自然の博物館（1981年）、国立音楽大学講堂（1983年）など

明治日本《めいじにほん》の産業革命遺産《さんぎょうかくめいいさん》 製鉄《せいてつ》・製鋼《せいこう》、造船《ぞうせん》、石炭産業《せきたんさんぎょう》

島の外観から「軍艦島」と呼ばれた端島炭坑

登録内容

長崎県・福岡県・佐賀県、熊本県・鹿児島県・山口県、岩手県・静岡県

遺産種別	文化遺産
登録年	2015年
登録基準	2・4
登録遺産面積	コアゾーン307ha、バッファゾーン2,408ha
登録対象資産	萩《はぎ》反射炉、恵美須ヶ鼻《えびすがはな》造船所跡、大板山《おおいたやま》たたら製鉄遺跡、萩《はぎ》城下町 、松下村塾《しょうかそんじゅく》（萩エリア）、旧集成館《きゅうしゅうせいかん》、寺山炭窯《てらやますみがま》跡、関吉《せきよし》の疎水溝《そすいこう》（鹿児島エリア）、韮山《にらやま》反射炉（韮山エリア）、橋野《はしの》鉄鉱山（釜石エリア）、三重津海軍所《みえつかいぐんしょ》跡（佐賀エリア）、小菅修船場《こすげしゅうせんば》跡、三菱長崎造船所第三船渠《みつびしながさきぞうせんじょだいさんせんきょ》、三菱長崎造船所《みつびしながさきぞうせんじょ》ジャイアント・カンチレバークレーン、三菱長崎造船所旧木型場《みつびしながさきぞうせんじょきゅうきがたば》、三菱長崎造船所占勝閣《みつびしながさきぞうせんじょせんしょうかく》、高島《たかしま》炭坑、端島《はしま》炭坑、旧グラバー住宅（長崎エリア）、三池《みいけ》炭鉱・三池港、三角《みすみ》西港（三池エリア）、官営八幡製鐵所《かんえいやはたせいてつじょ》、遠賀川水源地《おんがかわすいげんち》ポンプ室（八幡エリア）
行政区分	福岡県：北九州市、大牟田市、中間市、佐賀県：佐賀市、長崎県：長崎市、熊本県：荒尾市、宇城市、鹿児島県：鹿児島市、山口県：萩市 、岩手県：釜石市、静岡県：伊豆の国市

明治以降、驚異的な成長を遂げた日本近代化の軌跡

韮山反射炉

産業国家形成への道程を時系列に沿って証明

九州のほか岩手県や静岡県を含めて8県23資産に及ぶこの世界遺産は、「石見銀山遺跡とその文化的景観」と「富岡製糸場と絹産業遺産群」に次いで3番目に登録された産業遺産。

幕末時代、科学技術が発達した欧米列強の強さを知った九州諸藩は、近代工業化を目指してイギリスやオランダなどから西洋技術を導入。明治維新後は、明治政府や民間資本による近代工業化を推し進めた。

日本古来の方法で行われていた石炭の採掘や製鉄は、西洋の技術を取り入れて効率や生産性を向上させた。それは次第に造船業へと展開していき、初めての蒸気船建造からわずか50年余りで、世界屈指の造船大国へと成長していったのだ。

19世紀後半から20世紀の初頭にかけて日本は工業立国の土台を構築していることから、日本の産業革命時代といえる。世界的に見ても驚異的な成長を遂げており、この産業遺産群は日本の近代化を証明する貴重な事例である。

日本の産業革命は長崎から始まった

江戸時代の南蛮貿易において、ポルトガルの寄港地に選ばれたのが長崎。多くの外国人が長崎に暮らし、西洋からの技術や情報を持ち込んだ。

1865（慶応元）年には、長崎で貿易商トーマス・グラバーが、人を乗せた蒸気機関車を日本で初めて走行させた。それは同時に蒸気エネルギーという新エネルギーも日本に導入されたこと。蒸気機関を使って、**長崎を中心に石炭採掘と造船業は急速に成長し、明治日本は近代化へと歩みだす。**そのため、この産業遺産23ヶ所のうち、8ヶ所も長崎県内集中しているといえる。

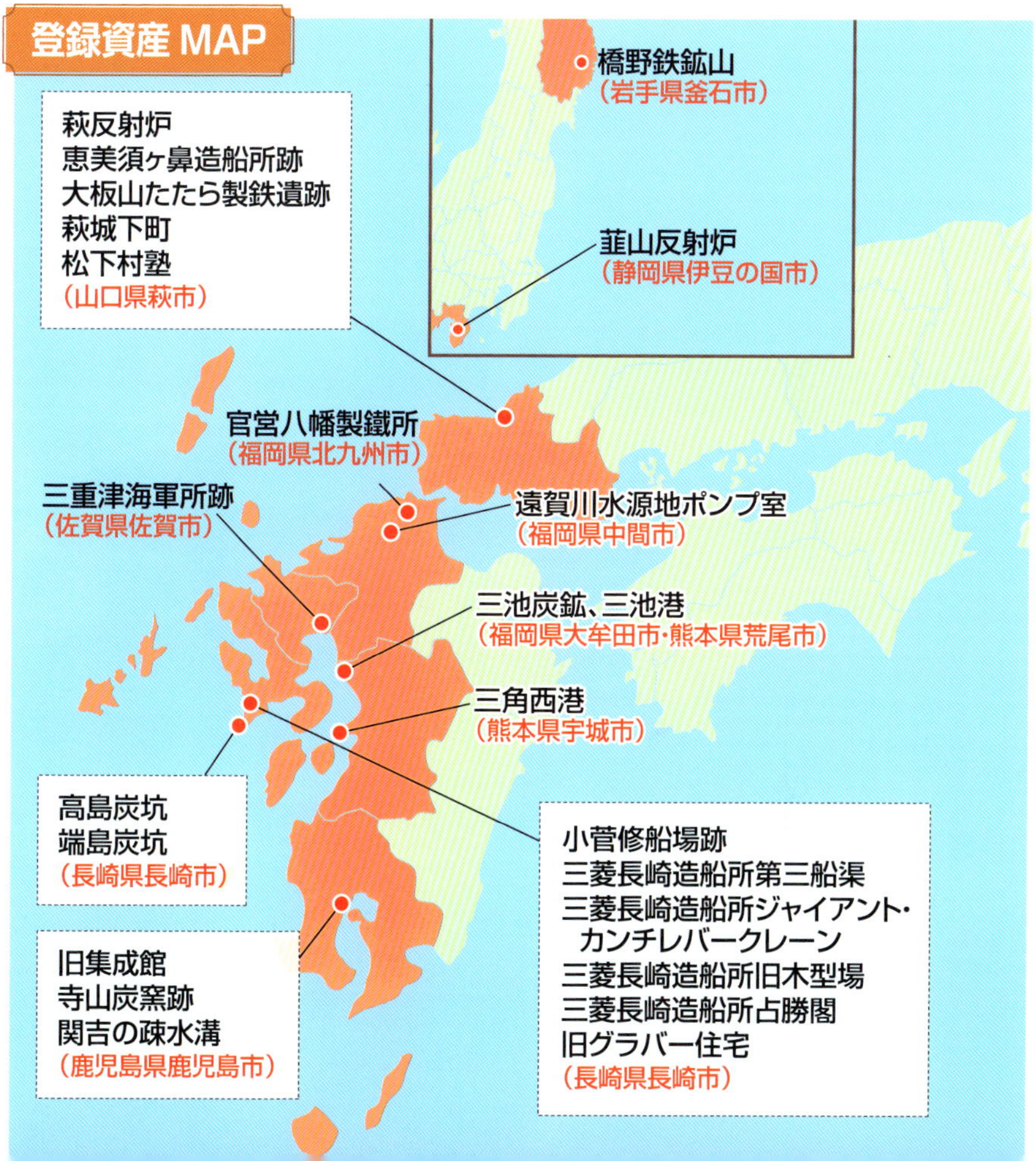

製鉄・製鋼

国防・海防のため大砲の製造をめざす

日本列島の南の玄関口に位置していた薩摩藩は、阿片戦争で大国・清が敗れ、海防の危機感が高まった。島津斉彬が藩主になり、1851（嘉永4）年に別邸である仙巌園の竹林を切り開き、**「集成館」という日本初の工場群を建設。**1857（安政4）年に建設した反射炉は、薩摩在来の石組み技術で精密に造られており、2号炉の下部構造が現存している。

旧集成館の反射炉跡（鹿児島市）。かつては高さ16mほどの煙突が立っていたという

萩藩も1856（安政3）年に西洋式の鉄製大砲鋳造をめざして反射炉を試作していた。いまも高さ10・5mの煙突に当たる部分が残っている。幕末に海防の危機感から大砲鋳造のために、**全国で反射炉は11基建造され、現存するのは3基のみ。**

1924（大正13）年に国史跡に指定された萩反射炉（萩市）

一方、アメリカ合衆国東インド艦隊の浦賀来航後、幕府は江戸湾防衛のため、韮山に砲台の建造を指示。1857（安政4）年、海上に台場の砲台と反射炉を含む大砲鋳造所を建設した。韮山反射炉は、石組みの基礎の上に耐火煉瓦で築かれた連双2基4炉の炉体部と4本の煙突からなり、炉体と煙突部分を合わせると約15・7mになる。**実際に稼働した反射炉は、韮山反射炉のみが現存している。**

なるほどCheck! 当時の最新技術を集結した「反射炉」

反射炉は、鉄を溶かして大砲を作る炉のこと。構造として大別すると、炉と煙突に分けられる。燃焼室で焚いた炎と熱を浅いドーム形の天井に反射させて、溶解室に置いた原料鉄に熱を集中させて溶解させる。さらに、高い煙突から大量の空気を送り込み、炉内の温度を千数百度高め、鉄に含まれる炭素量を減らし、鉄製大砲に必要な軟らかくて粘りのある鉄に変える。ちなみに、溶解した鉄は、大砲の型に入いれて冷やし固めたあと、中をくりぬくという大変な作業だった。

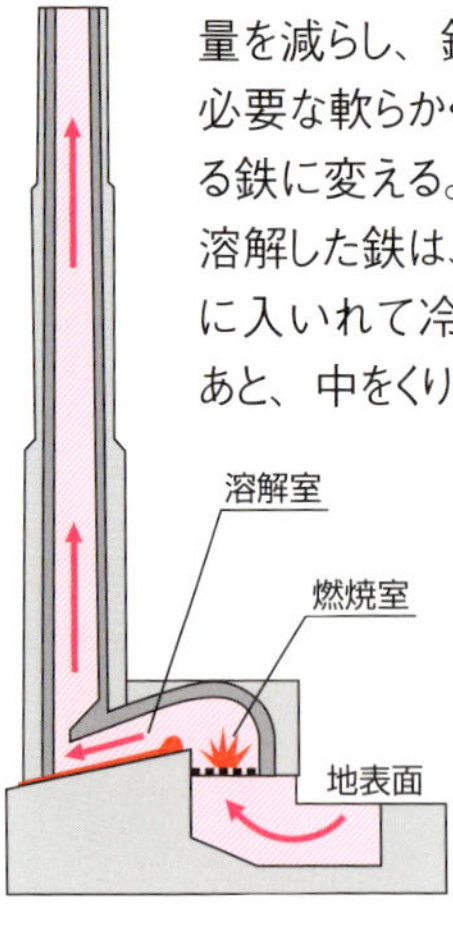

製鉄・製鋼

国家安全のために鉄鋼産業が急成長

日本には古来より、木炭の燃焼熱で砂鉄を還元して鉄を生産する「たたら製鉄法」があった。当時、大砲用銑鉄は「たたら製鉄法」による砂鉄銑で、鋳造した大砲は耐久性が低く、実用的ではなかった。この問題に対処するため、盛岡藩士の大島高任は、西洋発祥「高炉法」による岩鉄（磁鉄鉱）銑による大砲鋳造を計画。1858（安政5）年、岩手県釜石市甲子町大橋にて、和蘭書のみで洋式高炉を建設し、初出銑に成功した。さらに釜石市橋野町青ノ木に橋野鉄鉱山を建設。橋野鉄鉱山は鉄鉱石の採掘→運搬→製錬などを示す遺構群が良好な状態で現存している。

橋野鉄鉱山の三番高炉跡（釜石市）

1901（明治34）年、明治政府は官営八幡製鐵所の操業を開始する。鋼材の自国生産という使命をもった本格的な銑鋼一貫製鉄所で、創業からわずか10年で事業化に成功。土木建築、機械製造などあらゆる産業分野において材料、部材の生産加工を可能とした。これは**アジアで成功した初の本格的な銑鋼一貫製鉄所となり、日本経済の礎を築いた。**

官営八幡製鐵所の旧本事務所（北九州市）。中央にドームを持つ左右対称形の赤煉瓦建築物で、屋根は日本瓦葺き
※一般には非公開の施設です
写真提供：日本製鉄（株）九州製鉄所

あれこれPoint! 明治日本の産業革命に貢献した人物にゆかりある建造物も構成資産

●松下村塾（萩市）
吉田松陰が指導した幕末の私塾。日本近代化の思想的な原点。その門下生たちが明治新政府で活躍し、日本の急速な産業化に貢献した。

●グラバー邸（長崎市）
当時、日本の主要産業の近代化に貢献したスコットランド出身の商人トーマス・グラバーの活動拠点。現存する日本最古の木造洋風建築。

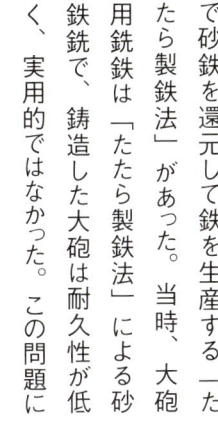

造船

試行錯誤しながら洋式船の建造に挑む

大名統制のため江戸時代初期に軍「大船建造禁止令」を制定したが、**ペリーの黒船来航により1853（嘉永6）年にその禁止令を解禁。明治になると、日本は本格的に造船業を開始**し、それにともない機械工場なども発展した。

海防上の重要拠点を統治した萩（長州）藩は、**1856（安政3）年に江戸幕府の要請を受けて「恵美須ヶ鼻造船所」を建設。**同年に「丙辰丸」、翌年には「庚申丸」という洋式帆船を建造した。

恵美須ヶ鼻造船所跡（萩市）。萩城の北東3km、反射炉より西600mある

1855（安政2）年、長崎では「長崎海軍伝習所」が開設。国防上の重要拠点である長崎の防衛を担当した佐賀藩は、多くの藩士を派遣して海軍に関する知識を学ばせた。欧米列強の脅威に備えて**三重津に「御船手稽古所」を設置。**長崎海軍伝習所が閉鎖されても独自に士官教育を継続し、海軍稽古場や調練場などの施設も整備された。さらに**1865（慶応元）年、日本初の本格的な木造外輪蒸気船「凌風丸」を完成させたのだ。**

三重津海軍所跡の全景（佐賀市）
写真提供／佐賀市

九州を中心に着々と造船が推し進められていく中、**1869（明治元）年に日本初の蒸気機関を動力とする曳揚げ装置を装備した洋式スリップドックが完成。**船を乗せて曳揚げる台の形状（現存しない）から、通称ソロバンドックと呼ばれた。これは薩摩藩士五代友厚と小松帯刀が、グラバーと共同出資で建設したもので、明治政府が買収後、三菱の所有となり1953年まで稼働した。

小菅修船場跡（長崎市）。曳揚げ小屋は日本最古の煉瓦造建築

造船

造船技術の急成長で日本の産業革命も躍進

幕末、洋式船用機械の修理技術すらなかった日本が、半世紀で巨大なドックを築造し、大型船を製造する技術を習得した。三菱重工 長崎造船所は、日本の造船業を築いた重要な場所である。

第三船渠は1905（明治38）年に建設された**大型乾船渠（ドライドック）**で、背後の崖を切り崩し、前面の海を埋め立てるなど大規模工事が行われた。当時としては東洋最大の船渠。開渠時に設置された電動排水ポンプは、100年以上経ったいまでも稼働している。

三菱重工 長崎造船所第三船渠（長崎市）。非公開施設

長崎港の中央にある「ジャイアント・カンチレバークレーン」は、1909（明治40）年、**同型としては日本に初めて建設された電動クレーン**。造船所の機械工場付近の飽の浦岸壁に、タービンやボイラなど大型機械の船舶への搭載と陸揚げのため建設した。150トンの吊り上げ能力を持ち、電動モーターで駆動し、現在も稼働している。

ジャイアント・カンチレバークレーン（長崎市）。非公開施設
写真提供／三菱重工業株式会社

三菱重工 長崎造船所は、工場の電化、国産最大の商船常陸丸の建造、パーソンズタービンのライセンス生産など歴史的なイノベーションも生み出したのだ。

なるほどCheck!

明治日本の産業革命遺産は日本初の稼働遺産も含まれる

文化遺産（主に産業遺産）の中でも現在も使われているものを「稼働遺産」という。旧官営八幡製鉄所（旧本事務所・修繕工場・旧鍛冶工場・遠賀川水源地ポンプ室）、三池炭鉱（三池港）、長崎造船所（第三船渠 ※非公開施設・旧木型場・ジャイアント・カンチレバークレーン・占勝閣 ※非公開施設）、橋野高炉跡及び関連施設、旧集成館に含まれる関吉の疎水溝が該当する。これらは民間が所有している前提で、生産施設として稼働はしていないが資料館などとして活用されている場合もある。

炭鉱

世界に動力革命をもたらした石炭産業

石炭を燃料とする蒸気機関の発明によって、あらゆる産業が飛躍的に成長。日本も明治になって西洋の機械が使えるようになると、石炭の需要が増大した。

佐賀藩では、長崎沖の洋上の高島において採炭が行われていた。1869（明治2）年に日本最初の蒸気機関導入による竪坑がなされ、日本の炭鉱近代化の先駆けとなった。

高島炭坑の技術を引き継ぎ、発展させたのが「端島炭坑」である。小さな海底炭鉱の島は、島全体を岸壁が覆い、高層鉄筋コンクリートが立ち並**ぶ外観が軍艦「土佐」に似ていることから「軍艦島」とも呼ばれている。**本格的に採炭事業が開始されたのは明治中期以降で、最盛期の1960（昭和35）年は5300人もが暮らす、世界で最も人口過密な炭鉱コミュニティであった。

1974（昭和 49）年に閉山、島は無人となった軍艦島こと端島（長崎県）

明治期における石炭産業の施設が良好な形で現存する三池炭鉱・万田坑（荒尾市）写真提供／荒尾市

大正期には最大で 51 万 t 以上の出炭量があった三池炭鉱・宮原坑（大牟田市）写真提供／大牟田市

福岡県にある三池炭鉱。宮原坑は三井買収後に初めて開削され、明治期から昭和初期にかけて主力坑口であった。万田坑は宮原坑に次いで開削された坑口で、昭和中期まで機能していた。

三池炭鉱の活動時、石炭産業を支える物流インフラも発展した。三池炭鉱と各坑口と積出港を結ぶ専用鉄道が建設され、1908（明治41）年には三池炭を大型船に積載して国外へ輸出するために三池港が竣工。現在も重要港湾として利用されている。

羽ばたく鳥のような形が印象的な三池港。南西より空撮（大牟田市）写真提供／大牟田市

富岡製糸場《とみおかせいしじょう》と絹産業遺産群《きぬさんぎょういさんぐん》

柱がなく広々とした空間になっている繰糸所

登録内容

遺産種別	文化遺産
登録年	2014年
登録基準	2・4
登録遺産面積	コアゾーン7.2ha、バッファゾーン380.8ha
登録対象資産	富岡製糸場《とみおかせいしじょう》、田島弥平旧宅《たじまやへいきゅうたく》、高山社跡《たかやましゃあと》、荒船風穴《あらふねふうけつ》
行政区分	群馬県：富岡市、藤岡市、伊勢崎市、下仁田町

ファッションを豊かにした世界最大規模の製糸工場

富岡製糸場（全景）の錦絵　富岡市立美術博物館・福沢一郎記念美術館 所蔵

明治時代に建設された官営模範工場で唯一ほぼ完全な形で現存

明治政府の殖産興業として1872年に建造された富岡製糸場。官営模範工場の中で唯一ほぼ完全な形で現存するもので、当時世界最大規模の製糸工場であった。

富岡のある群馬県一帯は古くから養蚕業が盛んに行われていた。地元養蚕の伝統を背景に、フランス技術を導入して高品質の生糸を大量生産することを可能とした。そこで培われた養蚕の技術や製法は国内各地に伝えられ、原料繭の大量生産にも成功。1909年代には世界一の生糸輸出国になり、安価で良質な生糸を輸出し、高級繊維のシルク（絹）をより身近な存在に変えたのだ。さらに戦後は、生糸生産のオートメーション化に成功し、自動繰糸機は全世界に輸出。

官営模範工場として創立された富岡製糸場は、民間に払い下げられ、1987年に操業が停止されるまでの約115年間生糸を生産し続けた。絹の大衆化に貢献し、世界の絹産業を支え、産業の近代化に貢献した近代産業遺産としては日本初登録となった。

登録資産 MAP

文明開化とともに発展した日本の製糸産業

1859（安政6）年、横浜港の開港により文明開化の幕が開け、外国との貿易を開始した日本。

明治になると、外貨獲得のため生糸の輸出を国策のひとつとして製糸産業の育成に着手。西洋技術を取り入れるため、フランス人技師のポール・ブリュナを雇用した。富岡で製糸工場の建設が進められたが、その理由は①養蚕が盛んな地域で原料の繭を確保しやすい、②富岡には工場建設用の広い土地が用意できる、③既存の用水脈が近くにあり製糸に使う水を確保しやすい、④燃料の石炭（亜炭）が近くの高崎から採れるという利点があったから。

富岡製糸工場ができると、全国各地から400人もの工女の中には士族の娘も多くいたが、近代日本の発展のためフランス人教師から熱心に学んだ。技術を習得した工女たちは「富岡乙女」と呼ばれ、出身地に戻ると器械製糸の指導者として活躍。女性の社会参加のきっかけにもなった。

富岡製糸場の表門

あれこれPoint! 日本が生糸輸出世界一を記録

富岡製糸場の製糸技術向上はもとより、蚕の飼育、卵の貯え方を工夫して新しい技術を生み出したことで、日本は1909（明治42）年世界一の生糸輸出国になった。これまで高級品として一部の人しか手にできなかった絹が、一般の人も使えるようになり、世界のファッションや文化を豊にしたのだ。

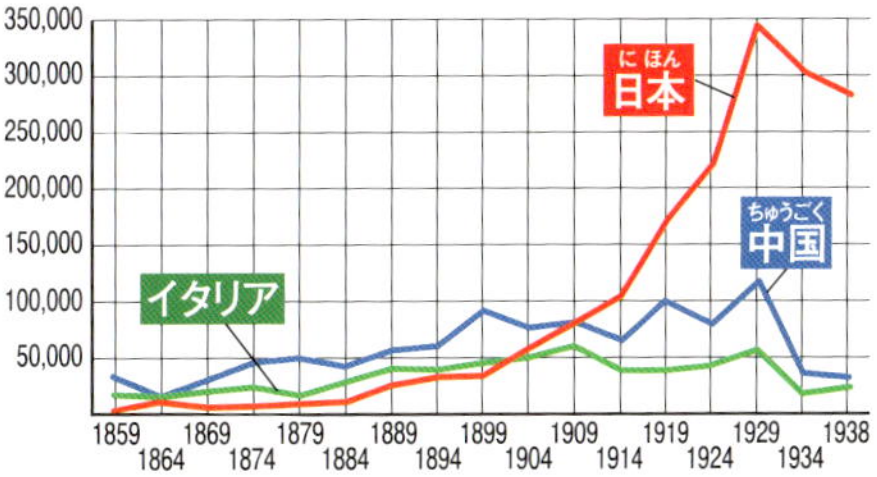

日本と西洋の建築が融合した「木骨煉瓦造」

創業当初に建てられた富岡製糸場の主要な建物は、**木の骨組みに、煉瓦で壁を積み上げて造る「木骨煉瓦造」**という西洋の建築方法で建てられたが、屋根は日本瓦で葺くなど日本と西洋の技術を融合させている。建造物の主要資材は石、木、煉瓦、瓦で構成。鉄枠のガラス窓や観音開きのドアの蝶番などはフランスより輸入したが、材木や礎石は近隣から調達した。煉瓦はいままで日本になかったので、**フランス人技術者が瓦職人に作り方を教え、福島町（現甘楽町福島）の笹森稲荷神社東側に窯を築き瓦と共に焼いた。**建築資材も日本と西洋が融合していたといえる。

繰糸所

繭から糸を取る作業が行われていた建物。長さ約140mの巨大な工場で、創設時にフランスから導入した金属製の繰糸器300釜が設置され、世界最大規模の器械製糸工場だった。

小屋組みにトラス構造を用いて建物中央に柱のない大空間を創出

煉瓦壁は「フランドル積み」が用いられた

東置繭所・西置繭所

長さ約 104 mの巨大繭倉庫。2階に乾燥させた繭を貯蔵し、東置繭所の１階は事務所・作業場として使用。西置繭所は大きさ・構造は東置繭所とほぼ同じだが、１階の北半分は官営期に蒸気機関を動かすための石炭置き場として使われていた。

女工館

日本人工女に器械製糸の糸取の技術を教えるために雇われたフランス人女性教師の住居。首長館と同様にコロニアル様式の建物。

後に改修され食堂や会議室として使用された

鉄水溜

当初使われていた煉瓦積みの水溜に代わる鉄製の巨大水槽。軍艦の造船技術であるリベット止めが使われて製造されている。

1875（明治8）年頃に造られた。約400トンの水を溜められる

下水竇《げすいとう》及び外竇《がいとう》

創業当初に造られた排水溝。繰糸所からの排水と建物の屋根からの雨水を、富岡製糸場の南側を流れる鏑川に放水するために設けられた下水道。

現在もほぼ完全な形で残されており、雨水用排水として使用（写真は外竇）

写真提供：富岡市

首長館

指導者として雇われたポール・ブリュナの住居。コロニアル様式で床が高く、建物の四方にベランダが回り、窓にはよろい戸を付けた風通しの良い造り。

後に工女の寄宿舎や教育・娯楽の場として利用

蒸気釜所

ボイラーと蒸気機関が設置されていた建物です。後に改造・増築され煮繭場や選繭場として使われた。

検査人館

生糸の検査などを担当したフランス人男性技術者の住居。首長館と同様にコロニアル様式が採用され風通しの良い造り。

改修後は事務所として使用され、2階には貴賓室がある

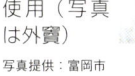

養蚕業の発展を支えた絹産業遺産群

なるほどCheck!

田島弥平旧宅

蚕の飼育を研究していた田島弥平は、通風を重視した蚕の飼育法「清涼育」を大成した。1863（文久3）年には瓦葺き総2階建ての住居兼蚕室の主屋を建て、初めて屋根に換気用の越屋根（ヤグラ）を設置。この飼育法と建物の構造は、著書『養蚕新論』『続養蚕新論』によって各地に広まり、近代養蚕農家の原型となった。主屋、井戸屋等の外観や、桑場を見学できる。

「清涼育」に基づいた主屋

高山社跡

繭養蚕方法の改良に取り組んでいた高山長五郎は、1883（明治16）年に通風と温度管理を調和させ、蚕が病気になりにくい「清温育」を確立した。翌年には養蚕教育機関高山社を設立し、その技術を国内外に広め、清温育は養蚕法の標準となった。1891年に建てられた住居兼蚕室は令和3年度から工事中のため見学不可。長屋門や桑貯蔵庫は見学できる。

2階にある養蚕室

荒船風穴《あらふねふうけつ》

地元養蚕農家の庭屋静太郎《にわやせいたろう》により建設された蚕種貯蔵施設《さんしゅちょぞうしせつ》。岩の隙間から吹き出す冷風を利用して蚕種（蚕の卵）を冷蔵貯蔵し、当時年1回だった養蚕を複数回できるようにした。1905（明治38）年から1914（大正3）年頃にかけて造られ、貯蔵能力は国内最大規模であった。現在でも大きな石積みが残っており、夏でも2℃～ 3℃の冷たい風が吹き出している。

3基の貯蔵庫跡の石積み
（下仁田町歴史館所蔵）

富士山《ふじさん》—信仰《しんこう》の対象《たいしょう》と芸術《げいじゅつ》の源泉《げんせん》

葛飾北斎／冨嶽三十六景
凱風快晴《がいふうかいせい》（赤富士）

登録内容

遺産種別	文化遺産
登録年	2013年6月
登録基準	3・6
登録遺産面積	コアゾーン20,702.1ha、バッファゾーン49,627.7ha
登録対象資産	富士山域／山頂の信仰遺跡群、大宮・村山口登山道、須山口《すやまぐち》登山道、須走口《すばしりぐち》登山道、吉田口登山道、北口本宮《きたぐちほんぐう》富士《ふじ》浅間神社《せんげんじんじゃ》、西湖《さいこ》、精進湖《しょうじこ》、本栖湖《もとすこ》 富士山本宮浅間大社《ふじさんほんぐうせんげんたいしゃ》、山宮浅間神社《やまみやせんげんじんじゃ》、村山浅間神社《せんげんじんじゃ》、須山浅間《すやませんげん》神社《じんじゃ》、富士《ふじ》浅間神社《せんげんじんじゃ》（須走浅間神社《すばしりせんげんじんじゃ》）、河口浅間神社《かわぐちあさまじんじゃ》、富士御室《ふじおむろ》浅間神社《せんげんじんじゃ》、御師住宅《おしじゅうたく》（旧外川家住宅《きゅうとがわけじゅうたく》）、御師住宅《おしじゅうたく》（小佐野家住宅《おさのけじゅうたく》）、山中湖、河口湖、忍野八海《おしのはっかい》（出口池《でぐちいけ》）、忍野八海（お釜池《かまいけ》）、忍野八海（底抜《そこなし》池《いけ》）、忍野八海（銚子池《ちょうしいけ》）、忍野八海（湧池《わくいけ》）、忍野八海（濁池《にごりいけ》）、忍野八海（鏡池《かがみいけ》）、忍野八海（菖蒲池《しょうぶいけ》）、船津胎内樹型《ふなつたいないじゅけい》、吉田胎内樹型《よしだたいないじゅけい》、人穴《ひとあな》富士講遺跡《ふじこういせき》、白糸ノ滝、三保松原《みほのまつばら》
行政区分	山梨県：富士吉田市、富士河口湖町、身延町《みのぶちょう》、山中湖村、忍野村《おしのむら》、鳴沢村《なるさわむら》 静岡県：静岡市、富士宮市、富士市、御殿場市、裾野市《すそのし》、小山町《おやまちょう》

鮮やかな茶畑の向こうに、そびえる富士山

日本人の尊崇《そんすう》の念がやむことのない山、富士山

日本文化や山岳信仰の母胎のような存在、富士山

小倉百人一首の四番目の歌、山部赤人《やまべのあかひと》の「田子の浦に　うち出《い》でてみれば　白妙の　富士の高嶺に　雪は降りつつ」。この短歌は、元々「万葉集」（7世紀後半から8世紀後半頃にかけて編まれた日本最古の和歌集）にあった歌に手を加えたもの。すでに1300年前に、駿河湾の海岸から神々しい富士山を眺め、感動した歌人がいるのである。

この後も俳人、詩人、画家、作曲家、作詞家、写真家など富士山に心を寄せた芸術家は数知れない。一方、「信仰の山」としての富士山の歴史も万葉集の時代に遡る。人々は『不尽神《ふじ》』（富士神）と呼び、遠くから拝んだという。

11世紀後半（平安時代後期）には修験者が富士山に登ったとされている。古代、中世、近代、そして現代と、富士山は芸術や信仰の山として、また庶民の山としても人々に愛され続けているのである。

文化遺産としての特異な価値

信仰の山としての価値、芸術の山としての価値、両方の価値を兼ね備えた山・富士山。世界遺産の中には、両方の価値を持った山がいくつかあるが、中国では泰山、廬山、峨眉山など五つの山が該当する。

ところで、その国のシンボル的な存在で、古代から現代まで継続的に人々に影響を与えてきたという山は、日本の富士山しかないといっても過言ではないだろう。

日本文化の母胎ともいえる富士山。山としての美しさを誇りながら、信仰・芸術の両面で、これからも人々を魅了する遺産なのである。

なるほどCheck! 風景画・浮世絵に見る、富士山と芸術性

葛飾北斎「神奈川沖浪裏」

ドビュッシーと葛飾北斎

葛飾北斎の「富嶽三十六景」は、各地から望む富士山の景観を描いたもので、1831（天保2）年から1835年頃にかけて刊行されたと考えられている。その中の「神奈川沖浪裏」の複製をドビュッシー（1862年－1918年）が部屋に飾っていたという写真がある。ドビュッシーが波と富士山を見て何を感じたかは分からないが、1905年に「海」という管弦楽曲を作曲している。交響詩「海」とも呼ばれる曲のスコア（総譜）の表紙には、「神奈川沖浪裏」の波が使われている。

交響詩「海」のスコア・表紙

歌川広重の富士山、「する賀てふ」

歌川広重「する賀てふ」

広重初代と二代目が、1856（安政3）年から2年かけて制作した「名所江戸百景」。その第八景が「する賀てふ」（駿河町）。この場所は現在の東京日本橋の三越のあたりで、駿河町の名は富士山のある駿河国に由来する。当時、その通りから富士山が見えたのである。

資産一覧

NO	名称		所在県及び所在市町村
1	富士山域		山梨県・静岡県
	1-1	山頂の信仰遺跡群	山梨県・静岡県
	1-2	大宮・村山口登山道	静岡県／富士宮市
	1-3	須山口《すやまぐち》登山道	静岡県／御殿場市
	1-4	須走口《すばしりぐち》登山道	静岡県／小山町《おやまちょう》
	1-5	吉田口登山道	山梨県／富士吉田市・富士河口湖町
	1-6	北口本宮冨士浅間神社《きたぐちほんぐうふじせんげんじんじゃ》	山梨県／富士吉田市
	1-7	西湖《さいこ》	山梨県／富士河口湖町
	1-8	精進湖《しょうじこ》	山梨県／富士河口湖町
	1-9	本栖湖《もとすこ》	山梨県／身延町《みのぶちょう》・富士河口湖町
2	富士山本宮浅間大社《ふじさんほんぐうせんげんたいしゃ》		静岡県／富士宮市
3	山宮浅間神社《やまみやせんげんじんじゃ》		静岡県／富士宮市
4	村山浅間神社《せんげんじんじゃ》		静岡県／富士宮市
5	須山浅間神社《すやませんげんじんじゃ》		静岡県／裾野市《すそのし》
6	富士浅間神社《ふじせんげんじんじゃ》（須走浅間神社《すばしりせんげんじんじゃ》）		静岡県／小山町
7	河口浅間神社《かわぐちあさまじんじゃ》		山梨県／富士河口湖町
8	富士御室浅間神社《ふじおむろせんげんじんじゃ》		山梨県／富士河口湖町
9	御師住宅《おしじゅうたく》（旧外川家住宅《きゅうとがわけじゅうたく》）		山梨県／富士吉田市
10	御師住宅《おしじゅうたく》（小佐野家住宅《おさのけじゅうたく》）		山梨県／富士吉田市
11	山中湖		山梨県／山中湖村
12	河口湖		山梨県／富士河口湖町
13	忍野八海《おしのはっかい》（出口池《でぐちいけ》）		山梨県／忍野村《おしのむら》
14	忍野八海（お釜池《かまいけ》）		山梨県／忍野村
15	忍野八海（底抜池《そこなしいけ》）		山梨県／忍野村
16	忍野八海（銚子池《ちょうしいけ》）		山梨県／忍野村
17	忍野八海（湧池《わくいけ》）		山梨県／忍野村
18	忍野八海（濁池《にごりいけ》）		山梨県／忍野村
19	忍野八海（鏡池《かがみいけ》）		山梨県／忍野村
20	忍野八海（菖蒲池《しょうぶいけ》）		山梨県／忍野村
21	船津胎内樹型《ふなつたいないじゅけい》		山梨県／富士河口湖町
22	吉田胎内樹型《よしだたいないじゅけい》		山梨県／富士吉田市
23	人穴富士講遺跡《ひとあなふじこういせき》		静岡県／富士宮市
24	白糸ノ滝		静岡県／富士宮市
25	三保松原《みほのまつばら》		静岡県／静岡市

文化遺産を構成する「25」の資産

資産の1の1から1の5までは、山頂を含めた登山道そのものが資産となっている。その登山道に関連する、

浅間神社《せんげんじんじゃ》（「7」河口浅間神社《かわぐちあさまじんじゃ》のみ浅間《あさま》）や大社が八つ選ばれている。**浅間神社は、噴火（奈良・平安時代）を繰り返す神そのものであった富士山を崇め、世の中の平和を守るための神社**として建立されたのが始まりである。

現在も、富士山に登る前に安全を祈願する登山者が訪れる。

忍野八海はその名通り、「8カ所」に池がある。「17」「湧池」を中心に七つの池を回る人も多い。ここからは「忍野富士」と呼ばれる、美しい富士山を眺めることができる。

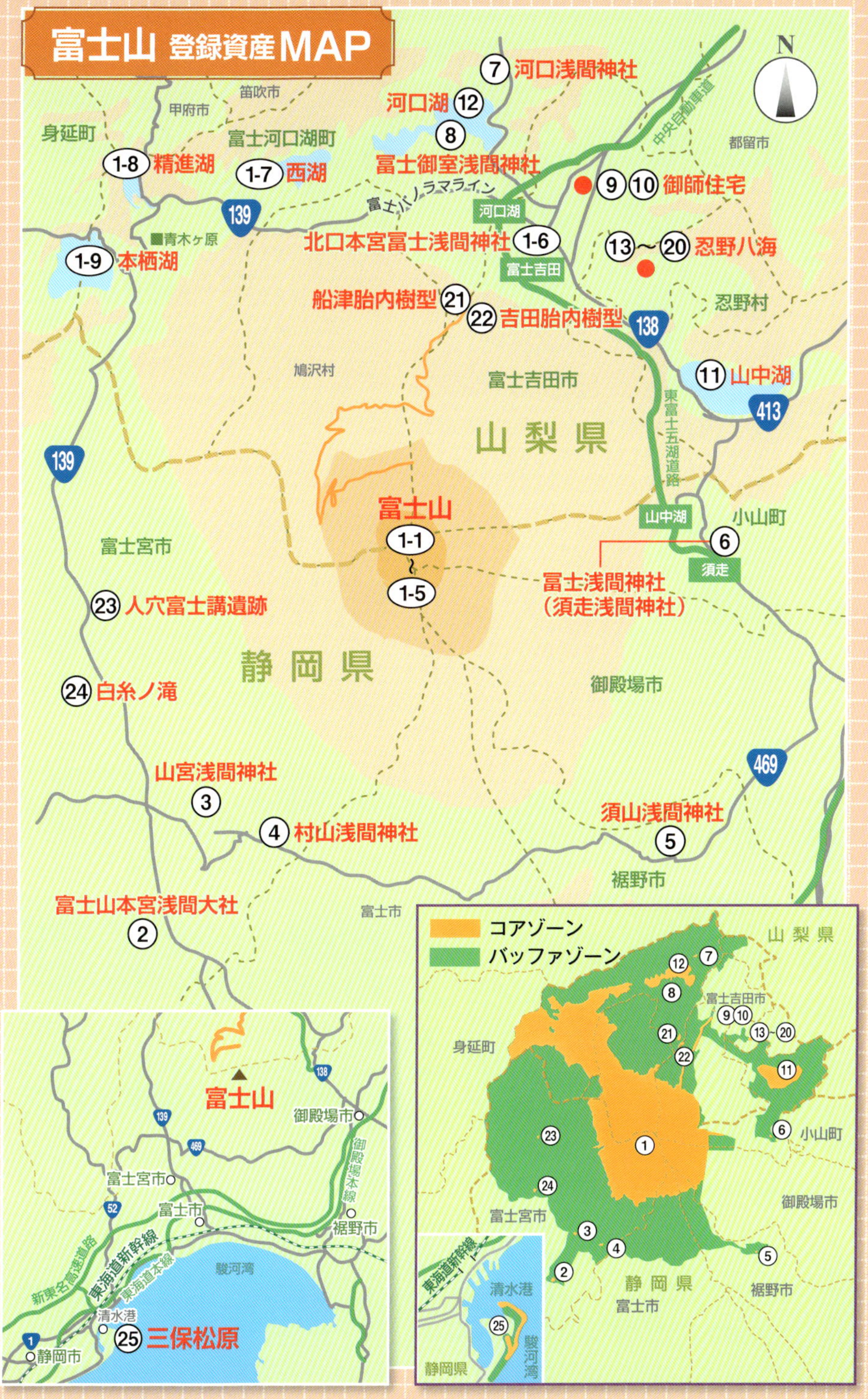
富士山 登録資産MAP
N
7 河口浅間神社
河口湖 12
8
富士御室浅間神社
笛吹市
甲府市
身延町
富士河口湖町
1-8 精進湖
1-7 西湖
富士パノラマライン
中央自動車道
都留市
9 10 御師住宅
河口湖
1-6 北口本宮冨士浅間神社
13～20 忍野八海
富士吉田
■青木ヶ原
1-9 本栖湖
139
船津胎内樹型 21
22 吉田胎内樹型
138
忍野村
鳩沢村
富士吉田市
11 山中湖
413
東富士五湖道路
山梨県
139
富士山
1-1
1-5
山中湖
小山町
6
須走
富士浅間神社
（須走浅間神社）
富士宮市
23 人穴富士講遺跡
静岡県
御殿場市
24 白糸ノ滝
469
山宮浅間神社
3
4 村山浅間神社
須山浅間神社
5
裾野市
富士山本宮浅間大社
2
富士市
富士山
138
御殿場市
139
469
富士宮市
御殿場線
52
富士市
裾野市
東名高速道路
東海道新幹線
東海道本線
駿河湾
清水港
1
静岡市
25 三保松原
コアゾーン
バッファゾーン
山梨県
12 7
8
富士吉田市
9 10
13～20
身延町
21
22
11
6 小山町
23
1
24
御殿場市
富士宮市
東海道新幹線
清水港
3
4
5
2
静岡県
裾野市
富士市
25
静岡県
駿河湾

富士山と信仰・芸術の関連遺産群 登録資産（一部）

北口本宮《きたぐちほんぐう》富士《ふじ》浅間神社《せんげんじんじゃ》 [1-6]

781（天応元）年の富士山の大噴火のあと、788（延暦7）年に創建。1730年代に富士講《ふじこう》（※）の指導者・村上光清《むらかみこうせい》によって、修復工事。

富士山本宮浅間大社《ふじさんほんぐうせんげんたいしゃ》 [2]

富士山を浅間大神《あさまのおおかみ》として祀ったことを起源とする神社は全国に約 1300 社、その総本宮である。現在の社殿は徳川家康の保護を受けて造営。

山宮浅間神社《やまみやせんげんじんじゃ》 [3]

社伝によれば富士山本宮浅間大社《ふじさんほんぐうせんげんたいしゃ》 [2] の前身で、日本武尊《やまとたけるのみこと》の創建とされている。本殿はなく、富士山を望む遥拝所を設ける造りになっている。

村山浅間神社《せんげんじんじゃ》 [4]

平安時代末期に末代上人《まつだいしょうにん》など山中で修業する人によって開かれたと伝えられている。鎌倉時代の末期には富士山における修験道が確立されている。

富士浅間神社《ふじせんげんじんじゃ》（須走浅間神社《すばしりせんげんじんじゃ》） [6]

須走口《すばしりぐち》登山道の起点となる神社で 807（大同2）年の造営と伝えられている。1718（享保 3）年に再建されている。

富士御室浅間神社《ふじおむろせんげんじんじゃ》 [8]

富士山中に最も早く祀られた神社という文献もあり、河口浅間神社《かわぐちあさまじんじゃ》 [7] とともに富士山信仰の拠点になっている。

富士講《ふじこう》（※）人穴で修行した長谷川角行が富士山の信仰を教義としてまとめた。その教えは弟子へと引き継がれ、やがて富士山への登拝を目的とする「講」が組織された。

長谷川角行《はせがわかくぎょう》に関連した登録資産

忍野八海《おしのはっかい》 [13-20]

忍野八海とは富士山の伏流水が水源といわれる湧水地のこと。忍野湖が干し上がって池になったという。長谷川角行が行った富士八海修行になぞらえ「富士山根元八湖《ねもとはっこ》」と唱えられた古跡の霊場と伝えられている。

船津胎内樹型《ふなつたいないじゅけい》 [21]

1617 年、長谷川角行が富士登拝したおり、北麓に洞穴を発見し、浅間大神を祀った。これが 1673 年に発見されている。なお 1892 年には吉田胎内樹型《よしだたいないじゅけい》 [22] が新たに整備されている。

長谷川角行が16〜17世紀に修行し、入定《にゅうじょう》したと伝えられる聖地。富士講信者には記念碑を奉納する文化があり、境内には「富士講碑」と呼ばれる230基が残っている。

人穴富士講遺跡《ひとあなふじこういせき》 [23]

長谷川角行（1541 − 1646 年）
生没年は、伝記によるものである。戦国末期から江戸初期の富士行者。富士講の開祖として崇拝された人物である。

あれこれPoint! 1 現在の富士山までの形成

約20万年前頃、小御岳《こみたけ》と愛鷹山《あしたかやま》が活発に噴火し、現在の富士山の土台となった古富士山は、約10万年前から1万年前にかけて火山活動していたとされている。現在の富士山を形づくる新富士山の活動は、縄文時代にあたる約1万年前に始まったといわれている。いわば富士山は4階建ての山とされている。

約1万年前〜

四つの登山道は現役の登山ルート

北口《きたぐち》本宮《ほんぐう》冨士《ふじ》浅間《せんげん》神社《じんじゃ》を起点とし、山頂を目指す吉田口登山道（吉田ルート）は、登山者の約6割が利用するというルートである。登山道もよく整備されており、山小屋の数も多い。

大宮・村山口登山道（富士宮ルート）は、標高2400ｍから出発する最短コースである。

須走口《すばしりぐち》登山道（須走ルート）は、六合目付近までコメツガやカンバなどの樹林帯の中を歩くルートで見られる。須山口登山道（御殿場ルート）は、荒涼とした砂礫の道が続くルートで、標高差、距離とも4ルートの中でも最大となっている。

吉田口登山道

大宮・村山口登山道

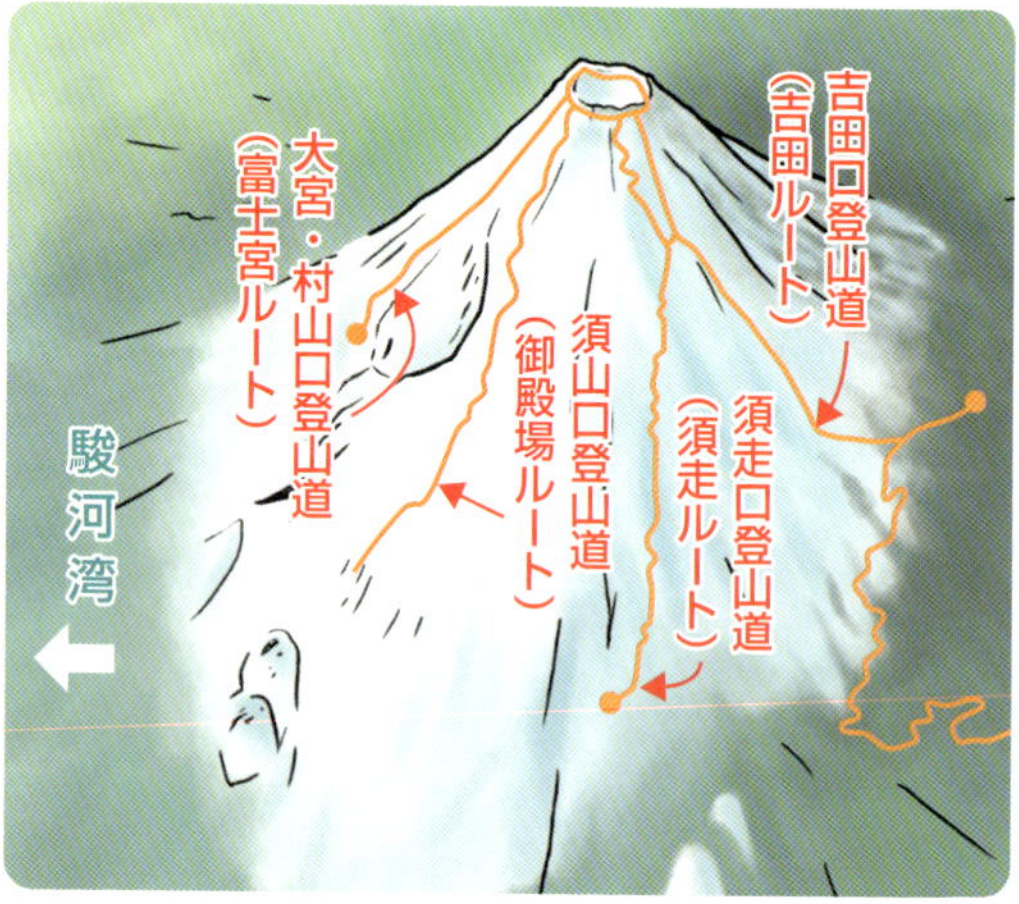

あれこれPoint! 2 絵画の中の富士山

大観の富士図の中でも、大正期の自由でおおらかな感覚があらわれた作品である。

▲群青富士《ぐんじょうふじ》
横山大観＜1917－1918（大正6－7）年＞

司馬江漢は、日本の風景画を洋風画として制作した、重要な開拓者の一人である。

◀駿河湾富士遠望図
司馬江漢《しばこうかん》＜1799（寛政11）年＞

※上記作品は静岡県立美術館蔵

写真提供：静岡県、山梨県

平泉《ひらいずみ》—仏国土《ぶっこくど》(浄土《じょうど》)を表《あらわ》す建築《けんちく》・庭園《ていえん》及《およ》び考古学的遺跡群《こうこがくてきいせきぐん》—

毛越寺・大泉《おおいずみ》が池《いけ》

登録内容

遺産種別	文化遺産
登録年	2011年
登録基準	2･6
登録遺産面積	コアゾーン176.2ha、バッファゾーン6008.8ha
登録対象資産	中尊寺、毛越寺《もうつうじ》、観自在王院跡《かんじざいおういんあと》、無量光院跡《むりょうこういんあと》、金鶏山《きんけいさん》
行政区分	岩手県:平泉町

本堂は中尊寺の中心となる建物

道の奥にある浄土は、九百年を超えて輝く

純粋な土地の仏教は、往時の仏教の一つの表れ

平安時代までは「陸奥」と書いて「みちのく」と呼ばれた。古事記には「道奥」ともある。道の奥は、中央からは遠い所という意味である。

この「みちのく」の平泉に奥州藤原氏の三代が「浄土」を表す、寺や庭園を残したのである。その時期は、平安時代後期の約100年のことであり、京の都では藤原氏の摂政関白が続き、次いで院政の時代を経て平清盛が全盛を誇り、その後源頼朝が幕府を開くという激動の時代であった。

奥州藤原氏の祖となった藤原清衡《きよひら》は、陸奥国《むつのくに》での戦いはあったが、都に大きく関わることもなく、浄土を見つめながら仏の住む場所＝仏国土を築き始めるのである。

浄土思想を世界に伝えるために「Pure Land Buddhism」という英語がある。直訳すれば「純粋な土地の仏教」となる。ここに、世界遺産の秘められた魅力と普遍的な価値があるのだろう。

浄土宗及び法華経の浄土と平安期の浄土観の関係

天台宗東北大本山・中尊寺は寺伝によると850（嘉祥《かしょう》3）年、慈覚大師《じかくだいし》によって開創されたとされている。実質的な創建は、藤原清衡の手によるものである。

さて、この遺産の名称には仏国土（浄土）という言葉がある。このカッコの浄土こそキーワードであり、**この浄土は、平安期の浄土観（仏教観）であることを忘れてはならない。**ともすると、鎌倉以後のカテゴライズで浄土を想起してしまうからである。

例えば浄土宗の祖・法然（1133–1212年）が「南無阿弥陀仏」の念仏を説いたのは1175年頃であり、中尊寺の金堂が建立された1124年の約50年後である。逆に、良源《りょうげん》（912–985年）、空也《くうや》（903–972年）、源信《げんしん》（942–1017年）は、すでに阿弥陀如来を軸とする極楽浄土を説法しており、清衡がこれに触れていたという想像も可能である。

同時に**清衡の精神的基盤には「法華経」があった。**清衡の死後三七日《さんしち》にあたって、法華経一部を一日のうちに書写し、供養したともある（高野山金剛峯寺所蔵「中尊寺経」の紺紙金字法華経第八巻の奥書）。

また中尊寺では、現在も「法華経一日頓写経会《とんしゃきょうえ》」を行っている。法華経は「浄土」を四つに分けており、常《じょう》寂光土《じゃっこうど》を重要な浄土と説いている。

金色堂新覆堂
1965年（昭和40）に完成、この中に光輝く金色堂がある

中尊寺・阿弥陀如来坐像に秘められたものとは?

金色堂は阿弥陀堂なのか、葬堂なのか、などの論議が長い間行われていることは別として、金色堂は清衡の心そのものなのだろう。

その心を察する手立てとしていくつもの往生伝があり、その一つでは次のようなことを想像させる。【清衡は持仏堂（金色堂）に僧を呼んで、法華経や阿弥陀経を読誦させ、自らは西方浄土を想い、念仏を称えていた】

清衡が1126（天治3・大治元）年に記した「中尊寺建立供養願文」には『古来、奥州では多くの命が失われてきた。中尊寺のこの鐘を打ち鳴らすたびに、罪なく命を奪われた者たちの御霊を慰め、極楽浄土に導きたいと願う』とある。

きっと清衡にとって、現代の人が解釈する法華経の浄土も、阿弥陀如来による浄土もなかったのであろう。**仏が説く「浄土」の世界をひたすら願っただけではないだろうか。**

金色堂
本尊阿弥陀如来坐像の両脇に観音菩薩と勢至菩薩という阿弥陀三尊、その両外側に地蔵尊が全部で６体あり、最前列には四天王のうちの増長天と持国天の二天がこの仏界を守護している。須弥壇内部には藤原氏四代の御遺体が安置されている

奥州藤原氏の始まり

なるほどCheck!

清衡《きよひら》までの系譜、二つの役《えき》と源頼義《みなもとのよりよし》

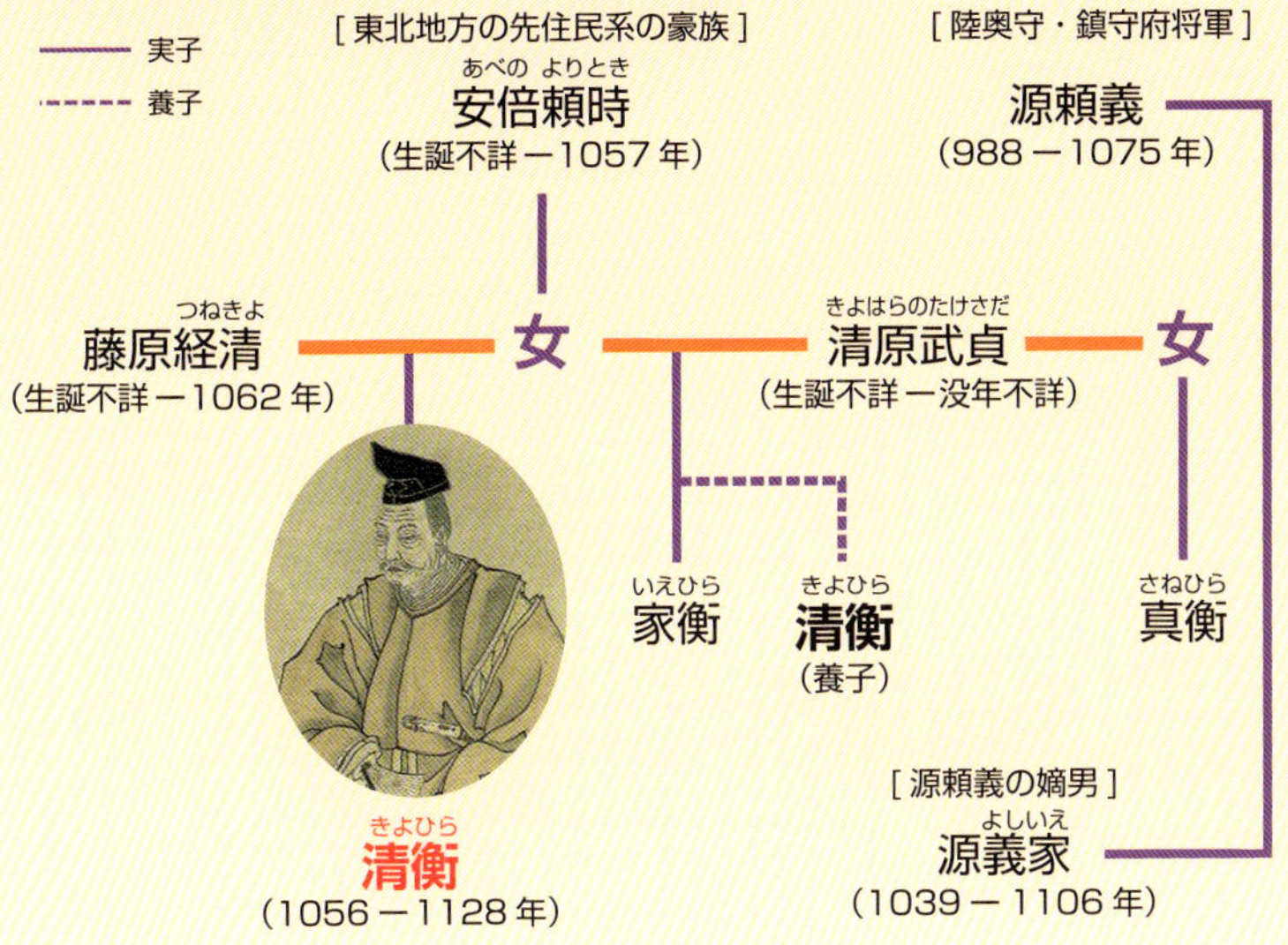

二つの役《えき》にまつわる、清衡《きよひら》の希有な運命

清衡の実父・経清は、「前九年の役」（1051－1062年）で源頼義に反旗を翻し、安倍頼時に味方したが敗れて、安倍氏に続いて死没。この時、清衡は7歳、敵将の嫡男であったので本来は処刑されるべき立場であった。ところが、清衡の母が、源頼義とともに安倍氏を滅ぼした清原武則の長男・清原武貞に再嫁することになり、危うく難を逃れ、連れ子の清衡も清原武貞の養子（清原清衡）となった。

1083（永保3）年清原家の相続争い「後三年の役」が起こる。清衡にとって真衡は血のつながらない義兄、家衡は異父弟となる。ここに清原三兄弟の間に内紛が起こる。武貞の死後、清原氏の惣領の地位を嗣《つ》いだのは真衡であったが、真衡には嫡男が生まれなかった。養子のことなどもあり、真衡に加勢した義家と清衡・家衡連合軍の戦いとなり、清衡・家衡連合軍が惨敗。しかし、真衡が亡くなると、清衡と家衡の時代となり、二人の間で戦いが起こる。

結果的には、1086（応徳3）年義家が清衡を助け、家衡を滅ぼすが、この時に家衡が清衡の屋敷を襲撃し、妻子や親族などを皆殺しにしている。

清衡は一族最後の生き残りとなり、1087（応徳4・寛治元）年32歳の時に、実父の姓である「藤原」に復し、奥州藤原氏の祖となった。

現世を忘れさせてくれる、浄土庭園、毛越寺

毛越寺には、藤原氏二代基衡《もとひら》から三代秀衡《ひでひら》の時代に多くの伽藍が造営された。その数は堂塔40余、僧坊500を超えると歴史書には記されており、中尊寺をしのぐほどの規模と華麗さがあったといわれている。

奥州藤原氏滅亡後、再三の災禍で建造物は失われたが、浄土庭園と平安時代の伽藍遺構が往時を偲ばせるように残っている。

浄土庭園の中心は、東西約190m、南北60mの大泉が池、中央部には勾玉状《まがたまじょう》の中島があり、池の周辺や中島には玉石が敷かれている。「浄土」を地上に表現したと伝えられる庭園は、日本最古の庭園書である『作庭記』に基づいてつくられたものである。

自然崇拝とも融け合った庭園は、見る角度によってさまざまな表情を見せてくれる。訪れる人の心を穏やかに映す大泉が池は、現世の戯れ言に悩む心をやさしく包んでくれる。

＊

誰も見ることのできない「浄土」。**生きている間に「浄土」に導いてくれる仏像や庭園をつくること**は、その造形が限りなく浄土に近い、浄土の入口であってほしいという願いもあったのではないだろうか。

写真の左側にある石・池中立石《ちちゅうたていし》は高さ約2m。ここは荒磯風《ありそふう》の出島の先端にある飛び島で、庭園のシンボルであり池全体を引き締めている

奥州藤原氏の時代

年号	奥州藤原氏		政治などの動き
1086	後三年の役、終わる		白河上皇、院政開始
1099	清衡	清衡が平泉に移る	
1105	清衡	清衡が平泉に「最初院」を建立	
1107	清衡	中尊寺に大長寿院を建立	▲藤原清衡
1108	清衡	金色堂の造立に着手	
1117	清衡	この頃「紺紙金銀字交書一切経」の書写が始まる	
1118	清衡		平清盛、生まれる
1124	清衡	金色堂建立	
1126	清衡	「中尊寺建立供養願文」を記す	
1128	清衡	清衡、死去	
1150	基衡	この頃、毛越寺、観自在王院の造営が始まる	▲藤原基衡
1155	基衡	毛越寺の金堂円隆寺完成	
1156	基衡		保元の乱
1157	基衡	この頃、基衡、死去	
1159	秀衡	 ◀藤原秀衡	平治の乱
1168	秀衡		厳島神社、修築
1170	秀衡	秀衡、鎮守府将軍になる	
1174	秀衡	源義経、奥州へ入る	
1181	秀衡	秀衡、陸奥守を拝命	平清盛、死去
1184	秀衡	この頃、無量光院造営が始まる	
1185	秀衡		平氏、壇ノ浦で滅亡
1187	秀衡	秀衡、死去	
1189	泰衡	泰衡、源頼朝に討たれる（奥州藤原氏滅亡）	

毛越寺・常行堂は、12世紀の浄土思想に直接関係する宗教儀礼・民俗芸能が今も行われている仏堂

1989（平成元）年に再建された平安様式の本堂、本尊は平安時代の作の薬師如来

黄金の国、みちのく　あれこれPoint!

『続日本紀』<797（延暦16）年完成>には「東の方陸奥国の小田郡に金」が産出し、国主は黄金900両を朝廷に献納した。わが国に黄金の産した始め、「天平の産金」であるという旨のことが記してある。現在も陸前高田市、大船渡市、住田町には金山跡が多く残っている。しかし、これらの金が平泉で使われたという確証はない。

平泉－仏国土（浄土）を表す建築・庭園及び考古学的遺跡群－の登録資産

観自在王院跡《かんじざいおういんあと》　舞鶴ヶ池《まいづるがいけ》

藤原氏二代基衡の夫人が建立した寺院の跡である。現在は、毛越寺に隣接する庭園だけが平安時代の遺構として残っている。舞鶴ヶ池《まいづるがいけ》を中心に荒磯風《ありそふう》の石組み、州浜、中島がある。池の北岸には、かつて大阿弥陀堂と小阿弥陀堂が並んでいたが、その面影を見ることは難しい。

藤原氏三代秀衡が宇治の平等院鳳凰堂を模して建立した寺院の跡で、現在は池跡と礎石《そせき》（柱などを支える石）などが残っている。西方極楽浄土を体現した伽藍配置になっている。東門に立つと、池に拝所があり、その西には本堂の阿弥陀如来、さらに西には金鶏山が望めるように一直線につくられていたという。

無量光院跡《むりょうこういんあと》　寺院跡の一つ、池跡

金鶏山《きんけいさん》　写真手前の山が金鶏山

標高 98.6 m、中尊寺と毛越寺の間にある山は町づくりの基準にもなったところで、山頂には歴代の藤原氏の経塚（仏教の経典を埋めて、土を盛ったもの）がある。なお、平泉を守るために雌雄一対の黄金の鶏を埋めたという伝説が残っている。

小《お》笠《がさ》原《わら》諸《しょ》島《とう》

小笠原諸島の海岸

登録内容

遺産種別	自然遺産
登録年	2011年
登録基準	9
登録遺産面積	コアゾーン7,939ha
登録対象資産	北ノ島と周辺の岩礁等、聟島と周辺の岩礁等、嫁島と周辺の岩礁等、弟島と周辺の岩礁等、兄島と周辺の岩礁等、父島（一部地域）と周辺の岩礁、西島と周辺の岩礁等、東島と周辺の岩礁等、南島と周辺の岩礁等、海域、母島（一部地域）と周辺の岩礁、向島と周辺の岩礁等、平島と周辺の岩礁等、姪島と周辺の岩礁等、姉島と周辺の岩礁等、妹島と周辺の岩礁等、海域、北硫黄島と周辺の岩礁等、南硫黄島、西之島と周辺の岩礁等
行政区分	東京都：小笠原村

サンゴ礁の海を悠々と泳ぐナンヨウブダイ（写真奥）

一度も大陸と接した事のない東洋のガラパゴス

多くの固有種がいる、進化が見られる島

島の誕生以来、一度もほかの島や大陸と接しなかった小笠原諸島には、ほかにない独特の生態系が根付いている。島嶼《とうしょ》生物学《せいぶつがく》の手本のような島でもあり、同じ世界遺産のガラパゴス諸島に合わせて「東洋のガラパゴス」と呼ばれることもある。

大小30ほどの島々で形成される小笠原諸島は、主に父島列島、母島列島、聟《むこ》島《じま》列島、南硫黄島《みなみいおうとう》に代表される火山列島に大別でき、全てがプレートテクトニクスによるプレートの沈み込みが原因で形成された島なのだ。また、生物進化だけではなく地質的に見ても特異であり、「無人岩《むにんがん》（ボニナイト）」と呼ばれる斜長石を全く含まない岩石が見られる。

類稀な自然環境と生物の進化形態を観察できる小笠原諸島であるが、人の持ち込んだ外来種による被害は大きいという。この外来種に弱い生態系というのも島嶼生物学に当てはまるものである。現在、小笠原諸島ではエコツーリズムを実施し、自然環境の保全を行っているという。

島弧《とうこ》と呼ばれる小笠原諸島

小笠原諸島はプレートの動きに伴う海底火山によって形成された。一般的に、海底火山はプレート表面の堆積物に含まれる水分が、マントルの融点を下げるためマグマとなり、それが海底に噴出することで形成される。しかし、小笠原諸島の父島・聟島列島の場合は、西フィリピン海盆の拡大によって**マントルが高温になっていた**ため、プレート自体が融解し、**特殊な無人岩マグマが形成された**という違いがある。

つまり、**一般的な海底火山がマントルの融解でできた**のに対し、**プレートが融けて形成されたのが父島・聟島列島を形成した海底火山**なのだ。

なお、母島列島を形成した海底火山は、マントルの温度が低くなった時に形成されたため無人岩を確認することができない。

また、マグマは浮力により発生場所の真上に形成されるため、プレートが動くことにより次々と海底火山を形成することになる。このようにして形成された**小笠原諸島のような島々は弧を描くように点在するため「島弧」と呼ばれる独特の地形を形成した**のである。

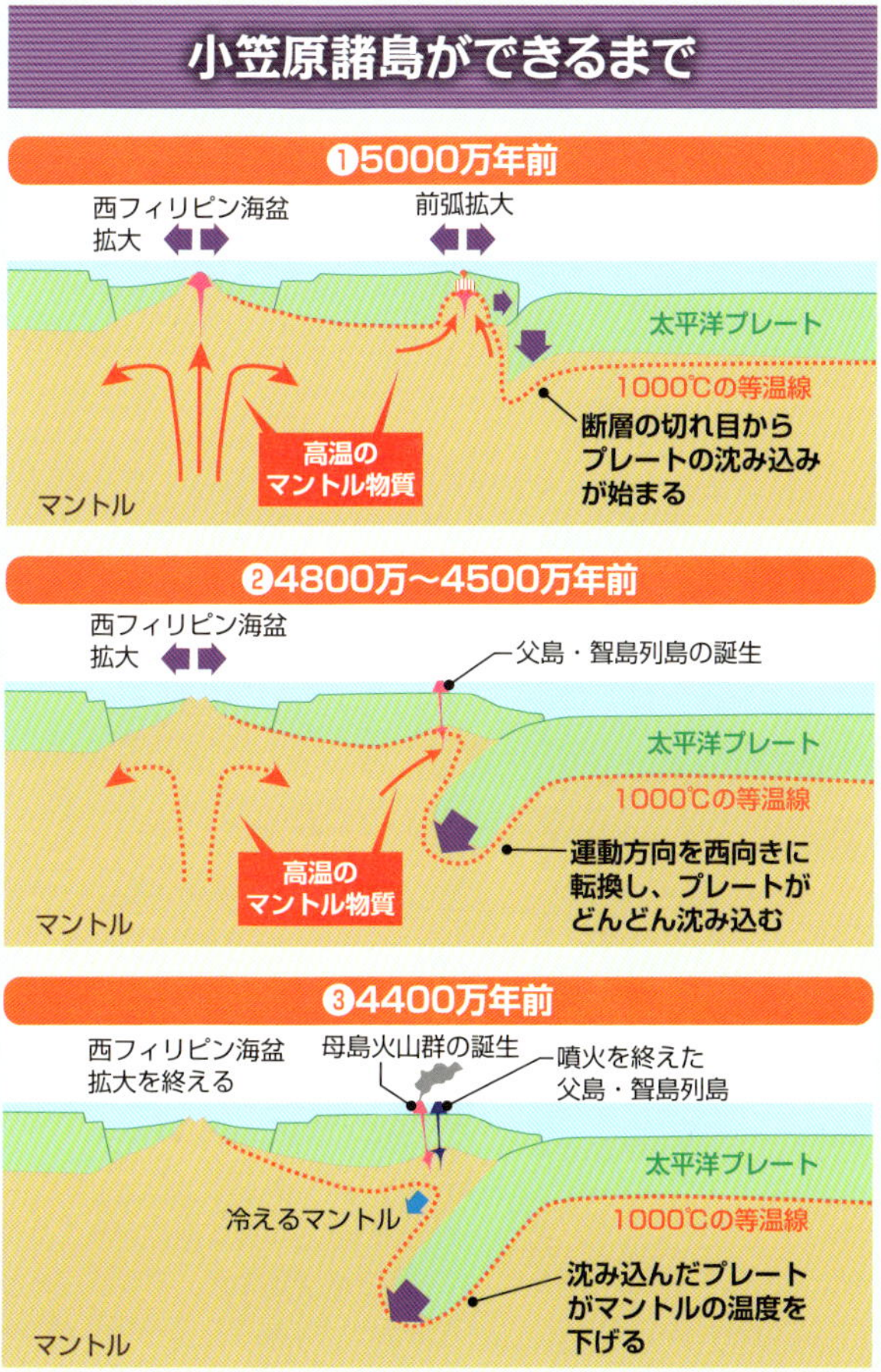

自力で飛んできた生物と漂着した生物の適応

本来この島には動物はおろか植物もいなかったはずだが、現在見られる生物の多くは、偶然流されたり飛んできたりした生物であるという。そのため小笠原諸島の生態系はほかと比較して独特であり、コウモリを除くと哺乳類が存在せず、爬虫類は2種類のみ。両生類に至っては存在すらしていない（外来種を除く）。植物を見てもブナやカシ、マツやスギといった、どこでも見られる種類のものは自生していない。

このようにほとんど隔絶された環境では、島固有の生物や特定の生物種が非常に多くなるといわれており、小笠原諸島のカタツムリを例に考えると、狭い列島内に106種類ものカタツムリが生息し、そのうち100種類が固有種であるという。このように一つの動物がそれぞれの環境に適応し分化することを「適応放散」といい、島嶼生物学における「海洋島」の条件に合致する特徴でもある。

小笠原諸島

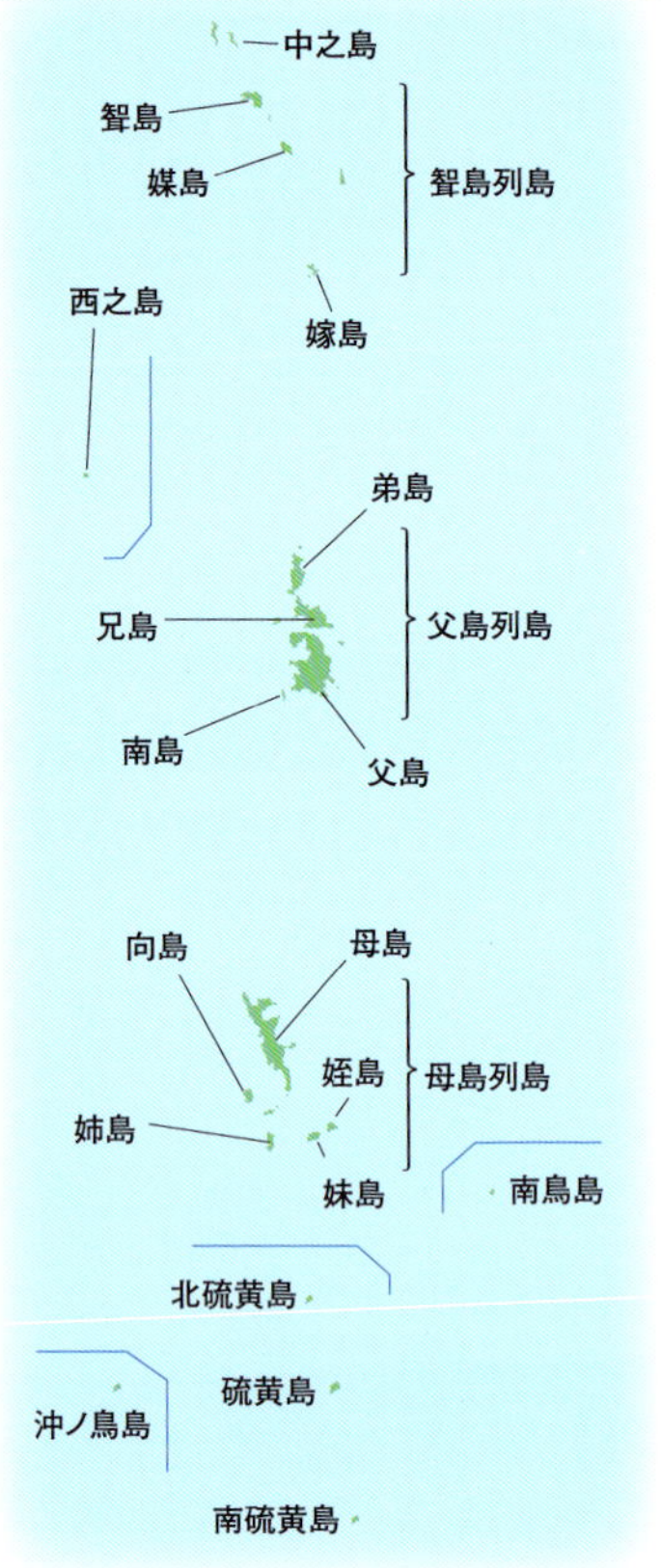

流れてきたもの テリハハマボウ

小笠原諸島固有のハイビスカス。種子島や琉球諸島に自生するオオハマボウが分化して進出したものであるといわれている。

飛んできたもの カツオドリ

小笠原諸島以外では伊豆諸島、尖閣諸島などで生息する海鳥。カツオなどの大型の魚に追い立てられた小魚を狙うことがあるため、この名前が付いた。

生息種の95%は固有種！「適応放散」の代表例・陸生貝類

島に生息する生物の多くが固有種である小笠原諸島の中でも、**飛びぬけて割合が高いのが陸生貝類、いわゆるカタツムリの仲間**だ。小笠原には106種類の陸生貝類が生息しているといい、そのうちの100種類は日本やアジア大陸の貝類とは形や生態がまるで異なる固有種であるとされている。特にコガネカタマイマイに代表されるカタマイマイ属は、同じ属でも体長が1～8㎝の開きがあるなど、劇的に分かれた種類の一つである。およそ300万年前に偶然島に流れ着いたカタマイマイの祖先が、現在では島の各地域の環境に合わせて20以上の種類に分化。**適応放散の好例とされる理由にも頷ける。**

固有種の一つであるコガネカタマイマイ。絶滅危惧種でもある

また、南島の扇池と陰陽池の間に散乱する白い貝殻は、およそ1000年以上前に絶滅したといわれる**ヒロベソカタマイマイの貝殻が「半化石《はんかせき》（準化石）」になったもの**である。半化石とは、化石になるための時間や条件を満たしていないため化石化しなかったものを指す言葉である。こうした珍しいカタツムリの姿を見られるのも、〝カタツムリ王国小笠原諸島〟ならではである。

半化石になったヒロベソカタマイマイの貝殻

賢いものが生き残る 小笠原の環境に適応したメグロ

小笠原諸島にはかつて4種類の固有鳥類がいたが、**現存するのはメグロという日本本土に生息するメジロの仲間だけ**である。メグロは主にフルーツや虫を食べる鳥であるが、特に注目すべきなのはアリを食べるということである。

子どもの頃にアリを捕まえた後、手から酸っぱい匂いがしたことはないだろうか。匂いの元は蟻酸《ぎさん》というれっきとした毒である。そのため鳥類の多くはアリを食べることがないのだという。**メグロは他の鳥類が食べないアリを食べることで、食物資源の乏しい小笠原諸島でも生き残ることができた**のだ。

固有種のメグロ。父島では絶滅してしまったが、母島や妹島などで生息している

伊豆大島からヒナを運び復活させようとしているアホウドリ。小笠原諸島のものは絶滅した

なお、海洋島では生物の移動力が低くなることが指摘されている。これは動きすぎて帰れなくなってしまうのを防止するためといわれているが、鳥類にも当てはめることができるという。事実、**小笠原諸島に生息する鳥の多くは島々の間でもDNAの移動が極めて低い**ことが確認されている。

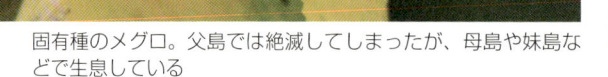

東南アジアや沖縄方面を起源とする植物

小笠原に自生する植物種（苔類、藻類を除く）のうち、30％に当たる160種類は固有種であるといわれている。陸生貝類や鳥類と同じく、適応放散によって分化したとみられており、さらに「生活型の分化」や「雌雄性の分化」など、海洋島に生息する植物ならではの変遷を見ることができる。

小笠原諸島の植生は**「乾性矮低木《かんせいわいていぼく》林《りん》」、「乾性低木林」、「湿性高木林」の三つに分けることができる。**違いは主に水分条件であるといい、乾性矮低木林の植物は葉が厚く白い綿毛を持つ特徴が見受けられる。植物相はそれぞれの島で固有であり、同じ種類であるものの、父島と母島では葉の形が異なる植物もあるという。

また雌雄性の分化とは、日本本土の近縁種が両性花（一つの花に雄しべと雌しべを持つ花）を持つのに対し、固有の進化を遂げた小笠原の植物は、**雄花と雌花が別の個体に発生**する。これは環境に適応するため、**少しでも違う遺伝子を交配させ、環境への適応率を上げる必要があるため**であり、進化の結果獲得した性質なのだ。

外来種の影響を受ける小笠原諸島

数多くの固有種を抱える小笠原諸島だが、外来種や環境の変化に弱いという弱点を持っている。事実、聟島列島の媒島《なこうどじま》では、**人間が持ち込んだヤギによって植物があらかた食べ尽くされてしまったことがある。**小笠原諸島では貴重な自然環境を失わないためにも、自然保護と適正利用を両立されるエコツーリズムを実施している。

ヤギの食害で緑が消えてしまった媒島

小笠原諸島に生息する外来種にグリーンアノールというトカゲがいる。グリーンアノールは昆虫食のため、固有種の昆虫に甚大な影響を与えており、大規模な駆除活動が行われている。一方で、グリーンアノールはすでに生態系に組み込まれており、**根絶やしにしてしまうと本種を食べる鳥類の影響になるのではないかとの意見も出てきているという。**こうした外来種の問題では、動物を持ち込み手放した人間に責任がある。人の手で壊しかけた自然を、人の手で保護するのはある意味当たり前のことなのかもしれない。

小笠原に融け込んでしまった外来種のグリーンアノール

あれこれPoint! 百隻以上の沈没船が眠る海

小笠原諸島は、太平洋戦争末期になると本土防衛の要として戦略拠点になったという。そのため、小笠原の周辺海域には軍が徴用した民間船74隻、これに軍艦を加えると百数十隻の沈没船が眠っているといわれている。

太平洋戦争で海軍に徴用された濱江丸《ひんこうまる》

石見銀山遺跡《いわみぎんざんいせき》とその文化的景観《ぶんかてきけいかん》

龍源寺間歩

登録内容

遺産種別	文化遺産
登録年	2007年、2010年登録範囲拡大（軽微な変更）
登録基準	2･3･5
登録遺産面積	コアゾーン529ha、バッファゾーン3,134ha
登録対象資産	**銀鉱山跡と鉱山町** 銀山柵内、代官所跡、矢滝城跡、矢筈城跡、石見城跡、大森銀山伝統的建造物群保存地区、宮ノ前地区、熊谷家住宅、羅漢寺五百羅漢
	街道 石見銀山街道鞆ケ浦道、石見銀山街道温泉津・沖泊道
	港と港町 鞆ケ浦、温泉津、沖泊、温泉津伝統的建造物群保存地区
行政区分	島根県：大田市

日本国内のみならず、海外にまで影響を与えた石見の銀

10mを超える高さの大久保間歩

海外との経済・文化交流に石見の銀が使われた

日本海に面した島根県中央部に位置する大田市に、最盛期の16～17世紀には世界有数の銀産出量を誇った石見銀山があった。戦国時代に本格的な開発が始まり、ここから掘り出された銀は、東アジアに進出したポルトガルによって、中国の生糸や絹製品、陶磁器の代金として使われ石見の名は世界的に広まる。そして石見銀山は中国地方の大名にとって重要な戦略拠点となり、大内氏、尼子氏、毛利氏と幾度となく支配者が変わる。その決着が付くのは1600年の関ヶ原の戦いで、徳川家康が天下統一を果たした後のことである。

史跡としては、中世から近代の約400年に渡る鉱山活動の総体が良好に残るまれな産業遺跡であり、鉱山開発に必要な材木伐採後も植樹などによる適切な森林の管理をすることで、環境への負荷を抑えた「自然との共生」も評価され、2007年にアジアの鉱山としては初めて世界遺産に登録された。

上空からの銀山柵内

石見銀山発見当時の国内外の銀事情

石見銀山の発見については明確な証拠はないが、鎌倉時代末期の1309年、大内氏8代目当主大内弘幸によって発見されたという。但し、鉱山経営の歴史的には、**1526年（1527年の説があり、有力）に博多の商人・神屋寿《かみやじゅ》禎《てい》によって発見され、当時の大内氏当主大内《おおうち》義興《よしおき》が石見銀山を掌握**した時から始まったと考えてもいいだろう。

銀山発見時の国内外の銀の価値に目を向けると、**日本は戦国時代に突入し、戦争の資金源である銀の確保は必需だった。**また、世界は大航海時代に入っていて、ヨーロッパ商人は東洋の貴重な商品を買うために銀を必要としていた。この当時、日本の金銀交換比は、金が1に対して銀が10と、ヨーロッパや中国に比べて銀の価値が安かった傾向にある。

金銀比率（16世紀初頭）

	金	銀
日本	金	銀銀銀銀銀銀銀銀銀銀
ヨーロッパ	金	銀銀銀銀銀銀
中国	金	銀銀銀銀銀銀

あれこれPoint! 1 16世紀頃のヨーロッパの物資と銀の流れ

銀を採掘できる植民地を持つスペインに対して、銀を採掘できる植民地を持っていなかったポルトガルは、日本の石見銀山に注目。当時、日本は中国の絹や陶磁器を求めていたが直接交易ができなかったため、ポルトガル商人を介して商品を購入していた。その代金として日本の銀が主に中国や東南アジアに渡ることとなる。

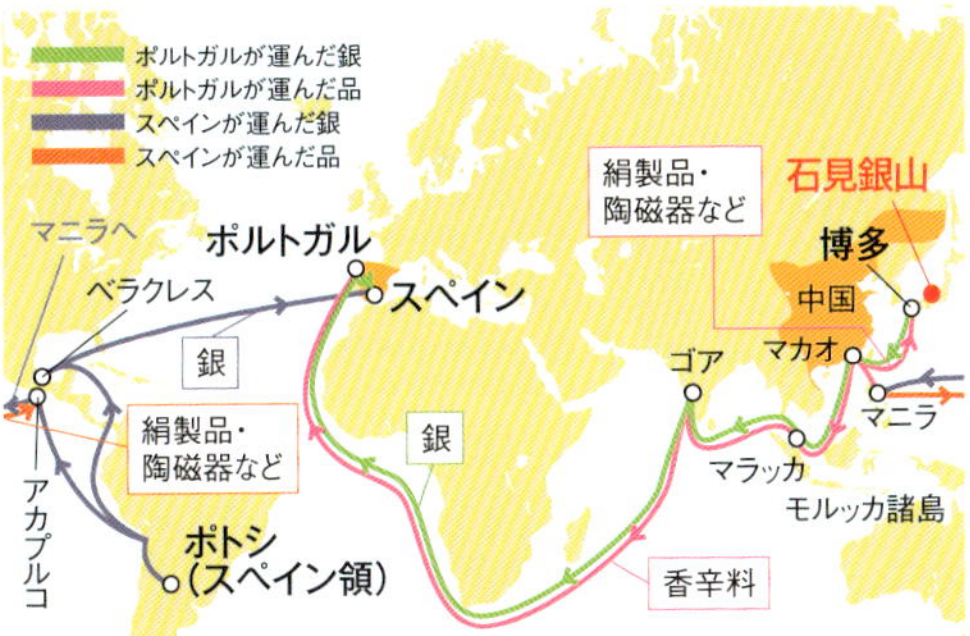

世界屈指の産出量を誇った石見銀山

石見銀山から産出された銀は、最初は中国（明）や朝鮮（李氏朝鮮）、後にポルトガル人などの南蛮商人との取引に使用された。朝鮮の記述によると、1542年には、銀8万両（約3・2トン）という大量の銀が朝鮮に持ち込まれたという記録が残っている。石見の銀は、当初佐摩《さま》銀山と呼ばれていたことからヨーロッパ人は石見の銀を「ソーマ銀」と呼び、純度の高さから珍重した。宣教師フランシスコ・ザビエルは手紙の中で「カスチリア（スペイン）人は日本をプラタレアス群島（銀の島）と呼んでいる」と報告している。この頃、世界の産銀量は約400トン、石見銀山はその1割を産した。

大内氏が産出した銀の積み出しに使った港「鞆ケ浦」。鞆ケ浦から船で博多に運ばれ、海外へと取引された

なるほどCheck!

世界から注目されていた石見

1595年頃につくられた日本地図。蝦夷地（北海道）は描かれていないほか、朝鮮半島は大きな島として描かれている。石見は「Hivami《イワミ》」と記されており、その上部には「Argenti fodinæ《アルジンティ フォディーニ》」（銀鉱山）とわざわざ記されていることからヨーロッパ人にとっても石見銀山は世界的に有名であったことを伺わせる。

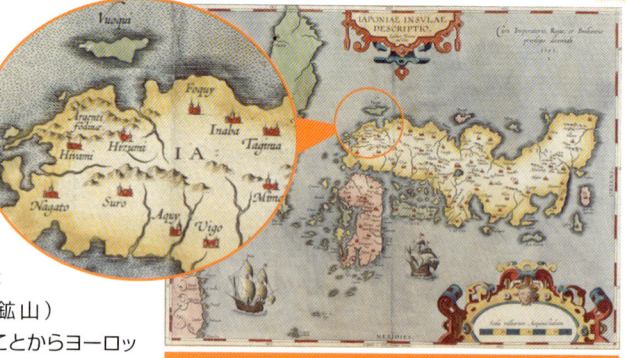

ティセラ日本図

写真提供：島根県立古代出雲歴史博物館

あれこれPoint! 2 当時の最新技術だった灰吹法《はいふきほう》とは？

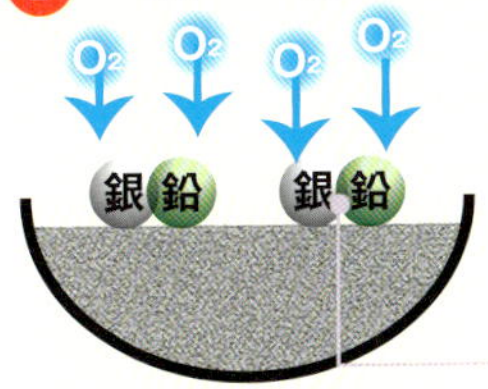

貴鉛

①灰の上に銀と鉛の合金（貴鉛）を置き酸素を送り込む

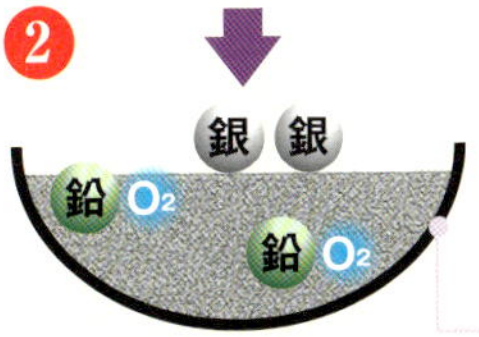

仙ノ山山頂付近から出土した灰吹法導入当時使われていた鉄鍋

②酸素は鉛と化合して酸化鉛になり灰に染みこんでいく

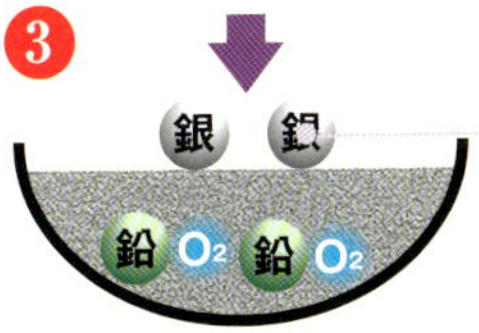

灰吹銀

③酸化鉛は底に沈み、灰の上に高純度の銀が残る

金や銀を鉱石などからいったん鉛に溶け込ませ、さらにそこから金や銀を抽出する技術で、紀元前 2000 年頃から利用されていた。日本では飛鳥京跡の「飛鳥池工房遺跡」において灰吹法と同じ原理による銀の製錬が行われていたことが発見されている。本格的に使用されたのは 1533 年の石見銀山で、その技術が全国に広まった結果、全国的に産銀高を飛躍的に向上させたといわれており、アジアやヨーロッパの交易に多くの金・銀が利用された。

文禄石州丁銀
安土桃山時代の銀貨で、豊臣秀吉が朝鮮出兵時に大名達への賞賜用として鋳造

島根県立古代出雲歴史博物館 蔵

灰吹法の確立による銀産出量の増加

大内氏の庇護のもと貿易を行っていた博多の商人神屋寿禎《かみやじゅてい》は、1533年に灰吹法《はいふきほう》と呼ばれる当時最新の製錬技術を導入し、銀の生産量を飛躍的に伸ばすことに成功した。当時中国（明）では北方から遊牧民が侵入し、軍資金となる銀が必要となり、銅の貨幣や紙幣にかわって銀を貨幣とし、税も銀で納める制度となり、銀が不足していた。このことを知った寿禎が、中国に渡り、宗丹《そうたん》及び慶寿《けいじゅ》という人物を連れてきて灰吹法を取得したのである。

銀山を押さえるための拠点の一つとなっていた石見城跡

石見銀山を巡る攻防戦

石見銀山が発見されて以降、銀山がある石見国は、戦国大名にとって戦略的要衝となっていた。1537（天文6）年に**出雲の戦国大名尼子経久が石見に侵攻したのを皮切りに、大内氏と尼子氏の争奪戦が始まる。**大内氏の滅亡後は、安芸（広島）の毛利元就率いる毛利氏と尼子氏の争いとなり、最終的には1562（永禄5）年に毛利氏が石見国を平定、銀山と温泉津を直轄地とした。毛利氏が天下人となった豊臣秀吉に臣従した後も支配権は維持したが、1600（慶長5）年に起きた関ヶ原の戦いで毛利氏が所属した西軍が敗れると、江戸幕府の直轄地となる。**関ヶ原の戦いで勝利した徳川家康は、重臣で鉱山開発に強い大《おお》久《く》保《ぼ》長安《ながやす》を石見銀山に派遣させ、初代石見銀山奉行に任じた。**以来石見の地は「銀山御料」として260年の間、幕府の直轄地となった。しかし、採掘量は17世紀初頭がピークで、17世紀末頃から産出量が少なくなり、江戸時代末期には採算が取れなくなったという。

石見銀山を巡る諸勢力

大内氏は配下の陶氏に、尼子氏は毛利氏に滅ぼされ、毛利氏が中国地方を支配した。

尼子経久
（1458―1541年）

毛利元就
（1497―1571年）

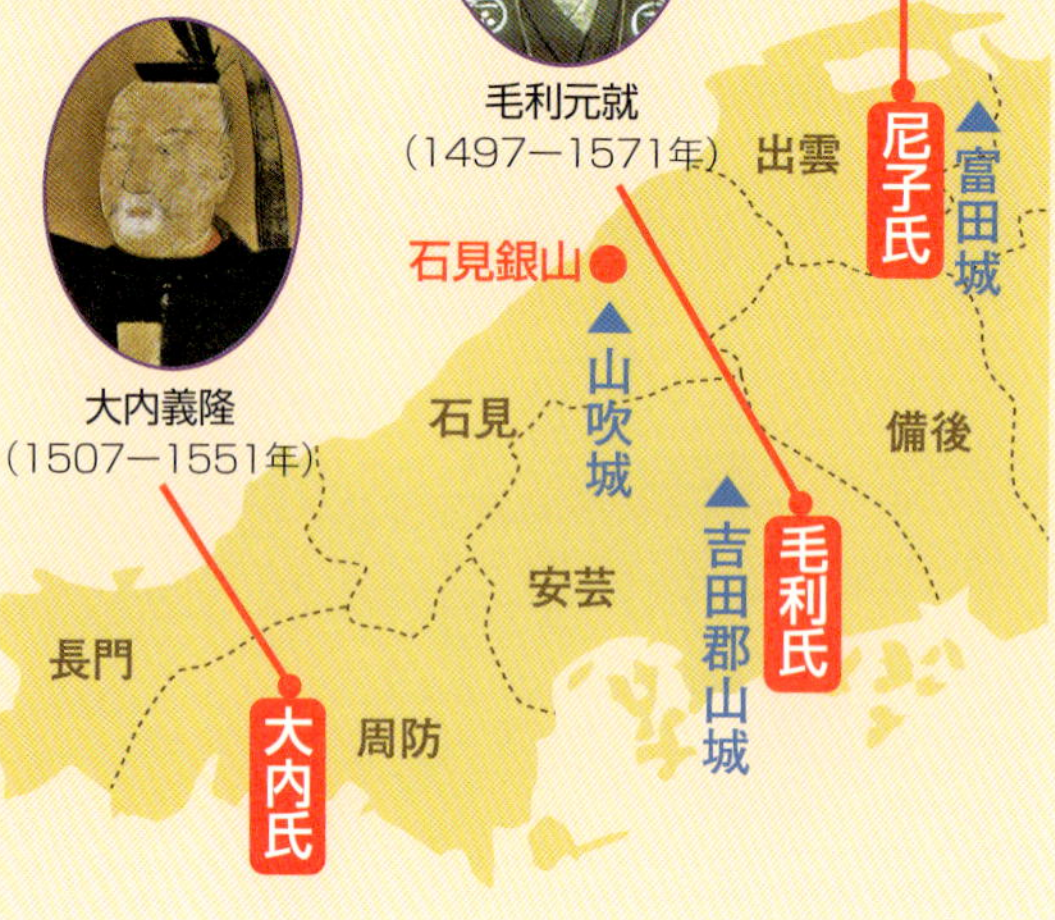

あれこれPoint! 3 日本の鉱山を支配した大久保長安

元々は甲斐の武田信玄に猿楽師として仕え、武田氏の滅亡後徳川家康に仕える。鉱山に関する技術は武田氏時代に培ったもので、家康の支配下の鉱山開発などを行う。家康が天下を取った後は、金山･銀山の統括を行ったが、死後立場を利用して不正蓄財を行ったとして、息子たち共々処分される。長安に対する処分は幕府内の権力闘争だったともいわれている。

道を含めて世界遺産

石見銀の採掘、製錬、運搬、積み出しに至るまでの鉱山開発の全体を表す「銀鉱山跡と鉱山町」と「港と港町」、そしてこの二つを結びつける「街道（鞆ケ浦道、温泉津・沖泊道)」の三つを世界遺産として登録。石見銀山街道には瀬戸内海に向かう「尾道道」もあるが世界遺産登録対象は日本海側に向かう道のみである。

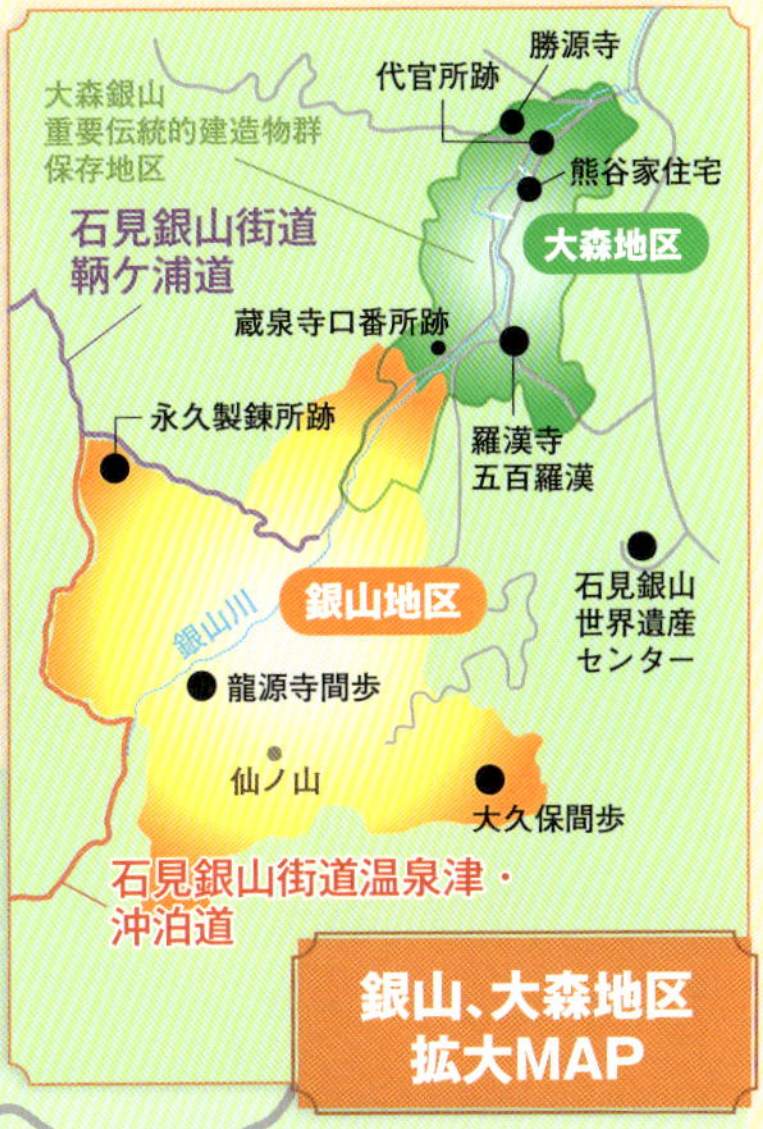

石見銀山の主要な建物群

大田市大森銀山地区（重要伝統的建造物群保存地区）

江戸時代に2代目奉行・竹村丹後守《たけむらたんごのかみ》が現在の場所に奉行所（後代官所）を設けてからつくられたもの。奉行所と関わりのある建物や奉行所を訪れた人が泊まる郷宿、武家屋敷や商家などの町家、寺院などが混在して今に残っている。

石見銀山と共に繁栄した豪商熊谷家は、本業である金融業のほか、町役人や代官所の御用商人を務め、19 世紀には大森の中で最も有力な商家の一つとして栄えた。現存する建物は 1800 年のもの。

熊谷家住宅（国指定重要文化財）

温泉津《ゆのつ》（重要伝統的建造物群保存地区）

毛利氏が支配していた時代に発展した港町で、温泉町として日本で唯一「伝統的建造物群保存地区」の選定を受けている。江戸自体初期までは物資の水揚げ港、また江戸時代中期以降は北前船の寄港地として繁栄した。

知《しれ》床《とこ》

知床五湖

登録内容

遺産種別	自然遺産
登録年	2005年
登録基準	9・10
登録遺産面積	コアゾーン34,000ha、バッファゾーン37,100ha
登録対象資産	知床半島中心部から先端部にかけた陸域とその周辺海域
行政区分	北海道：斜里町《しゃりちょう》、羅臼町《らうすちょう》

陸 海の食物連鎖が相互に干渉する世界的にも希少な場所

立ち入りが厳しく規制されている「男の涙」

日本最後の秘境・知床 特有の自然が生んだ生態系

北海道の東部に突出した知床半島は、アイヌ語の「シリエトク」からその名が付いた。日本語では「地の果て」を意味する。明治期の開拓使による入植を拒むほどの厳しい自然環境。それが今日まで「日本最後の秘境」とも称される大自然を維持してきたのである。

エゾヒグマやシマフクロウなどの知床に適応した生物は、エゾマツなどの針葉樹やミズナラなどの広葉樹が混在してできた広大な針広混交林《しんこうこんこうりん》によって育まれている。海に目を向けると、保護されているものの、漁業被害から嫌われがちなトドなどがおり、流氷の季節には「流氷の天使」とも呼ばれるクリオネもやってくる。また、世界的にも数が少なくなっている海鳥にとって貴重な休息地としても知られている。こうした陸と海という全く違う環境に住む生物を結び付けているのは、回遊を行うサケである。

こうした自然環境が織りなす生命のドラマがありありと見られるのも、知床の魅力の一つである。

低い所に高山植物がある急峻が生む独特の環境

知床は**垂直分布に特徴がある。**垂直分布とは、標高差による生物相の違いで、特に植物に与える影響が大きい。一般的に、100m標高が上がると気温は0・6度下がるとされ、知床岳に当てはめると**裾野と山頂では約7・5度もの気温差が生じる。**裾野では針広混交林が広がり、山頂付近で高山植物のハイマツが自生しているのはそのためなのだ。なお、本州のハイマツは標高2500m以上付近にある。それは知床の方が本州よりも気温が低いのはもちろん、火山活動により土壌が酸性になっているため、通常の植物が育ちにくい環境だからといわれている。

知床の植物相（知床岳の場合）

生物の地理的分布には大きく分けて「垂直分布」と「水平分布」がある。垂直分布は高度差に影響を受ける生物の分布形態のことであり、水平分布は南北の気温差に影響を受ける生物の分布形態を示している。

河川や海の源、知床の山々

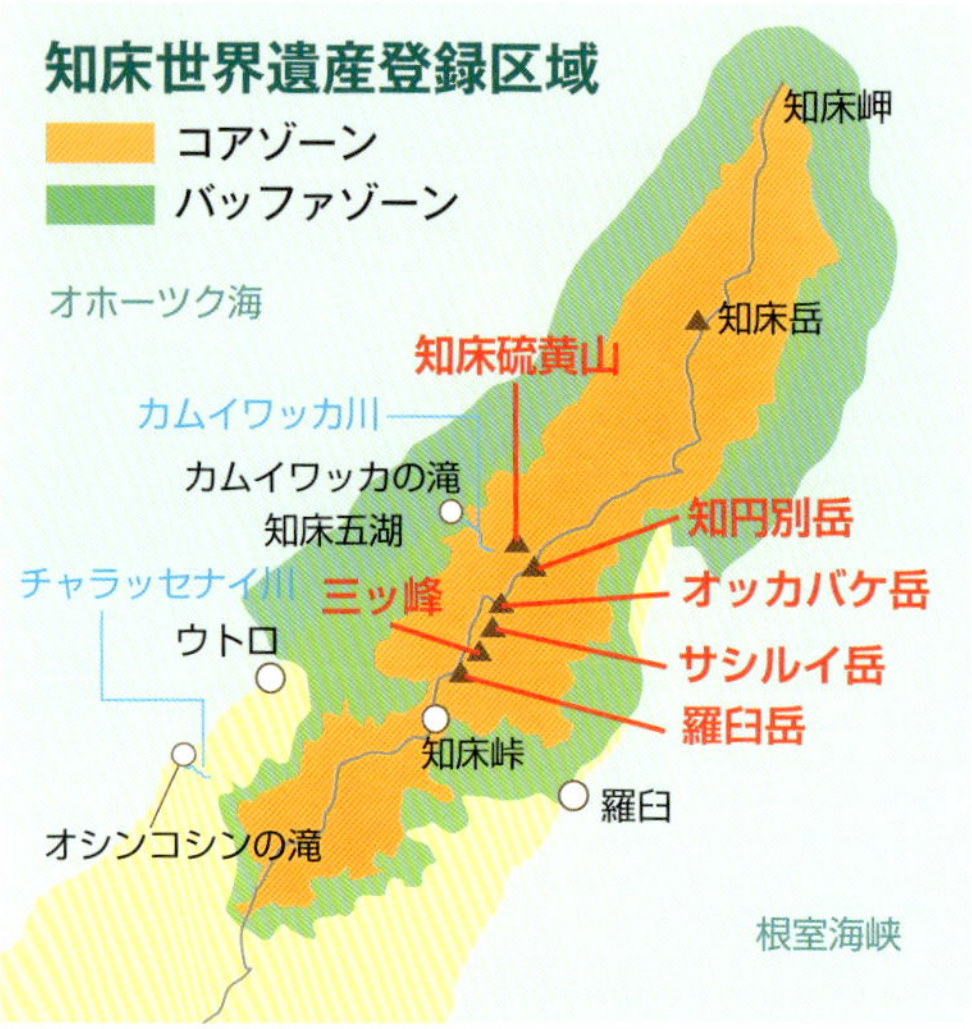

知床半島は長さ約70㎞、幅が約20㎞という細長い半島である。平地よりも山地の方が多く、羅臼岳、三ツ峰、サシルイ岳、オッカバケ岳、知円別岳、知床硫黄山のように標高1500～1600m級の山々を総称して「知床連山」と呼ぶ。

知床連山の多くは約860万年前の海底火山の活動によって生まれたとされており、知床硫黄山から今も噴き出す硫黄などは知床が火山地帯であることを感じさせてくれる。

知床半島最高峰の羅臼岳
（標高 1660m）

オシンコシンの滝

カムイワッカの滝

また、知床連山が生んだ急峻な地形が、明治期の開拓使による入植を困難にさせ、結果として知床の自然を守ったともいえる。まさに手つかずの自然という状態だったのである。

豊かな海の源、流氷！ウトロと羅臼の違いとは？

ロシアのアムール川の大量の淡水には、多くのプランクトンや養分が含まれている。この**水が11月初旬に結氷して流れ出し、「東樺太海流《ひがしからふとかいりゅう》」という海流に乗り**流氷となってオホーツク海に進みだす。そして年始めの1月には知床半島にたどり着く。**海流が直撃するウトロ側と、海流が回り込んでくる形になる羅臼側では、流氷の密度がかなり異なる。**

流氷は海水温によって底になる部分から少しずつ解け始める。その際にプランクトンや養分も一緒に流れ出し、光や気温の条件などにもよるが、知床の海は植物プランクトンの宝庫になり、生命の連鎖が生まれるのだ。

知床へ至る流氷の動きと違い

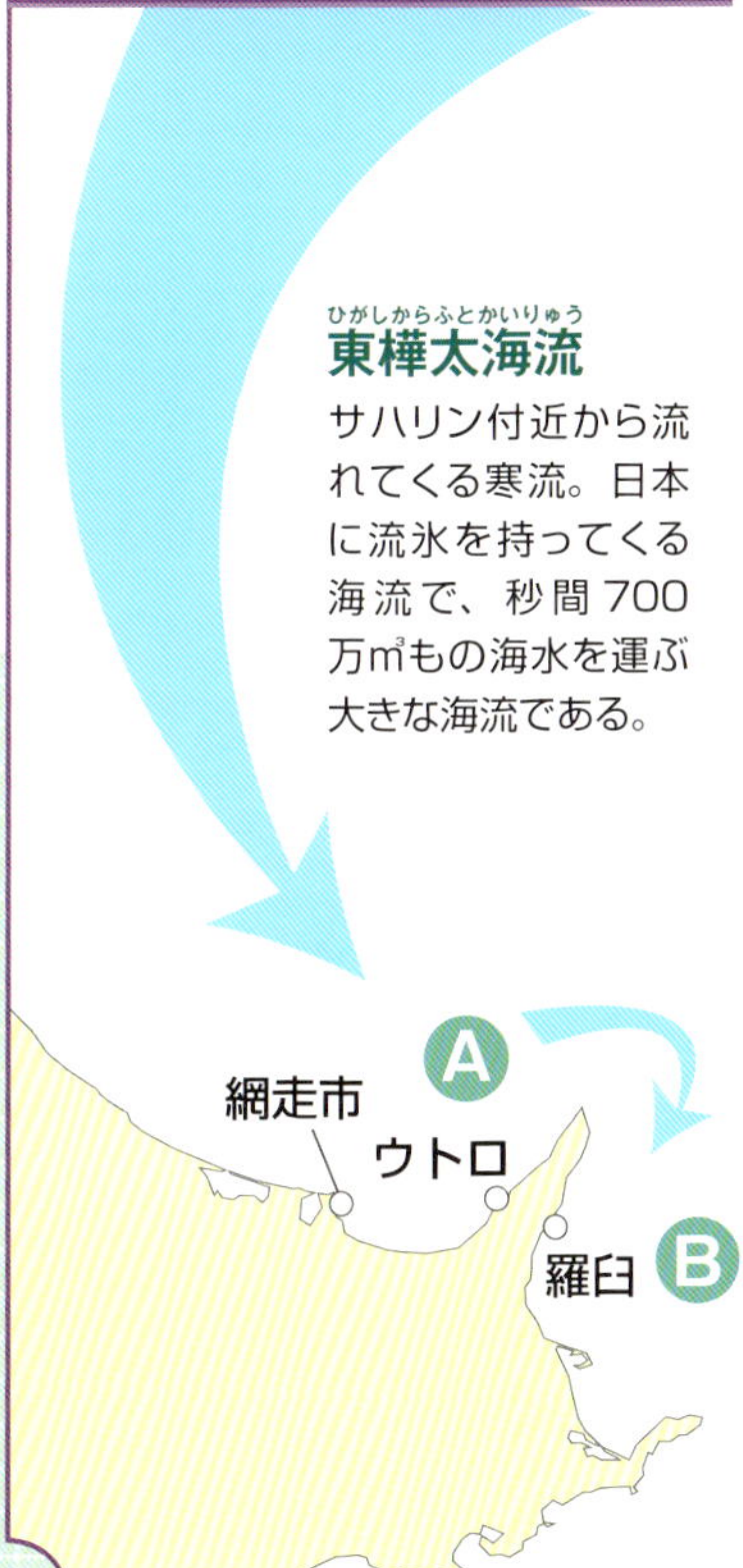

東樺太海流《ひがしからふとかいりゅう》
サハリン付近から流れてくる寒流。日本に流氷を持ってくる海流で、秒間700万㎥もの海水を運ぶ大きな海流である。

真っ白な氷の大地になるウトロ側Ⓐに対し、羅臼側Ⓑは流氷の密度も薄く、漁船が氷を割ってスケトウダラ漁を営む。この魚を狙ってオジロワシやオオワシも集まる。

知床の生態系を支える サケとヒグマ

サケには、産卵のために生まれた川に戻ってくる「サーモン・ラン」という性質がある。知床では8月下旬から11月頃にサケが遡上してくるという。産卵したサケは間もなく死んでしまい、死骸になってバクテリアなどに分解される。

遡上したサケを主に食べる生物がエゾヒグマである。冬眠に備えて多くの栄養源を必要とするヒグマにとって、群れをなして身動きが取りづらくなっているサケは労せずして得られる格好の獲物だ。また、オオワシやシマフクロウといった絶滅の恐れがある猛禽類《もうきんるい》のエサになっているともいわれている。特に魚食性が強いシマフクロウにとっては重要な栄養源である。遡上シーズン

ヒグマは冬眠するためのエネルギー源としてサケを狙う。特に、脂肪分の多い腹や内臓を食べるという

羽を広げると3mにもなるオオワシもサケを含めた魚類を捕食する

知床に帰ってくるサケは主に2種類

あれこれPoint!

シロザケとカラフトマスは知床のサケ科を代表する魚種。シロザケのオスは繁殖期になると鼻が曲がり厳《いか》つい顔つきになることから「鼻曲がり」という通称があり、カラフトマスは背中が出っ張っていることから「セッパリマス」の別名がある。

シロザケ（オス）

カラフトマス（オス）

なるほどCheck! サケを中心とした知床の生態系

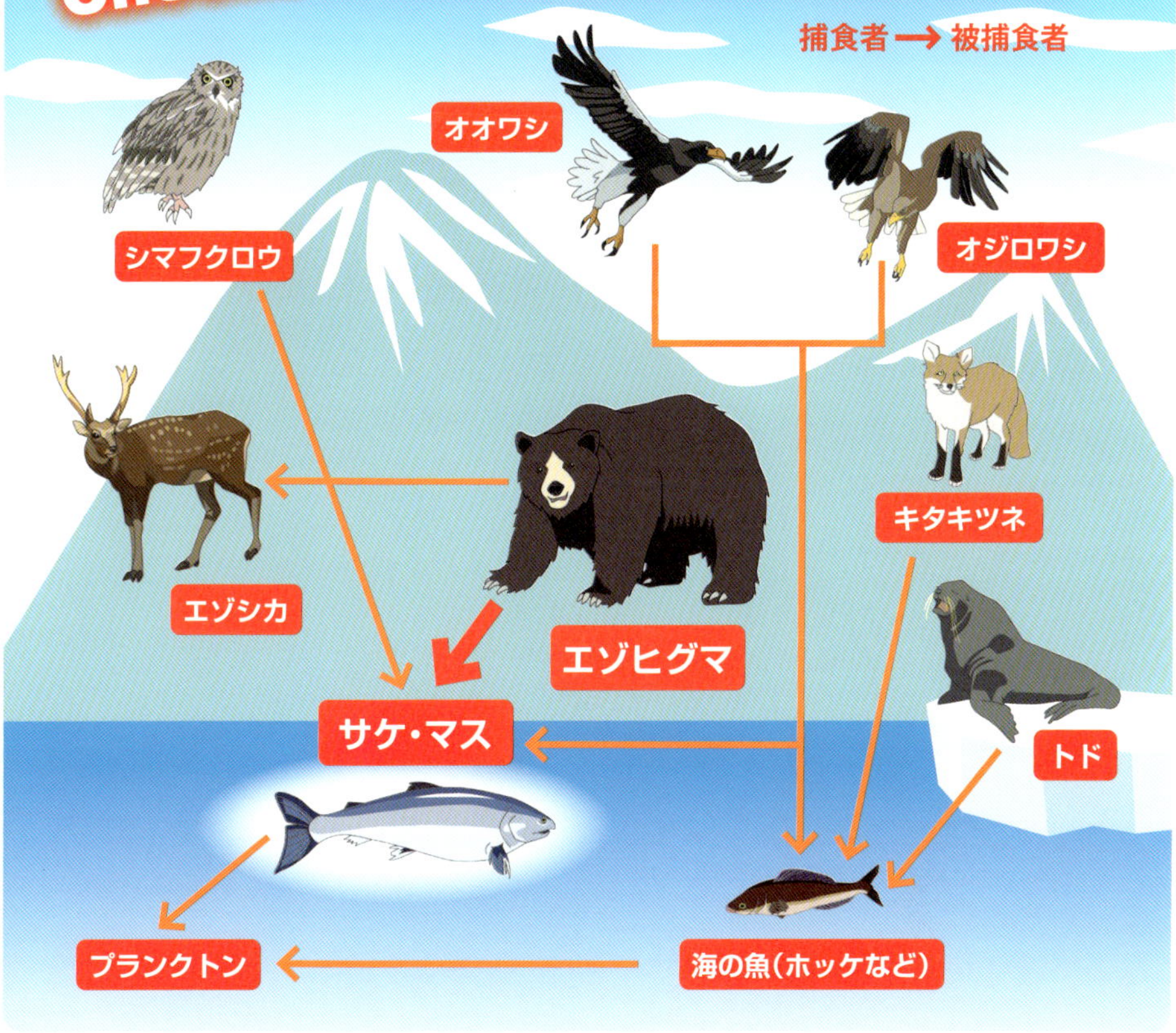

サケが生まれた川へ戻れる訳とは?

生涯で1万kmもの距離を移動するサケは、匂いで生まれた川を区別しているとされる。しかし、遠く離れた海から故郷の川の匂いを嗅ぎ分けるのは不可能に近いため、磁気の感知や海流移動を行うなど、いくつかの方法を併用しているのではないかと考えられている。

が終わる頃には、川岸や森の中に食べ残しのサケの死骸が放置されており、小動物などよって分解される。**分解されたサケの死骸は植物や河川の栄養分になり森林や海を育む。**

こうした生態系の連鎖こそが、知床が世界自然遺産に登録された理由の一つでもある。

探検家・松浦武四郎の歩みとアイヌ民族

「北海道」の名付け親、松浦武四郎

松浦武四郎
（1818 － 1888 年）
松浦武四郎記念館蔵

蝦夷地と呼ばれていた土地が、明治政府によって北海道と改名されたのが 1869 年のことだが、その名を提案したのが伊勢国一志郡須川村（現三重県松阪市）出身の松浦武四郎である。もともと武四郎は日本全国を行脚していたのだが、長崎を訪れた際にロシアが蝦夷地（北海道）を狙っているという噂を耳にする。危機感を抱いた武四郎は、蝦夷地へ渡ることを決意し 28 歳で江差に降り立ち調査を開始した。その際にこの地で独自の文化を育んでいたアイヌ民族と出会ったのである。

アイヌ民族と武四郎

武四郎は 41 歳になるまで 6 回蝦夷地（樺太、北方領土を含む）を調査している。そして調査のかたわら、自分たち（和人）とは異なる文化を持つアイヌ民族の文化の素晴らしさを知るとともに、和人（松前藩や商人）によって苛酷な状況にあることを知る。国防のためにはアイヌ民族の協力が不可欠と考えた武四郎は、アイヌ民族や蝦夷地の様子を多くの人に伝えようとたくさんの紀行本を執筆。その中に知床近辺の紀行本である「知床日誌」がある。この本では、知床周辺のアイヌ語の地名や、動植物などを一般大衆に向けて紹介。国外に目を向け始めた幕末の時代、当時一般にはほとんど知られていなかった蝦夷地の実情を伝える武四郎の本は、世間から大いに注目を浴びた。

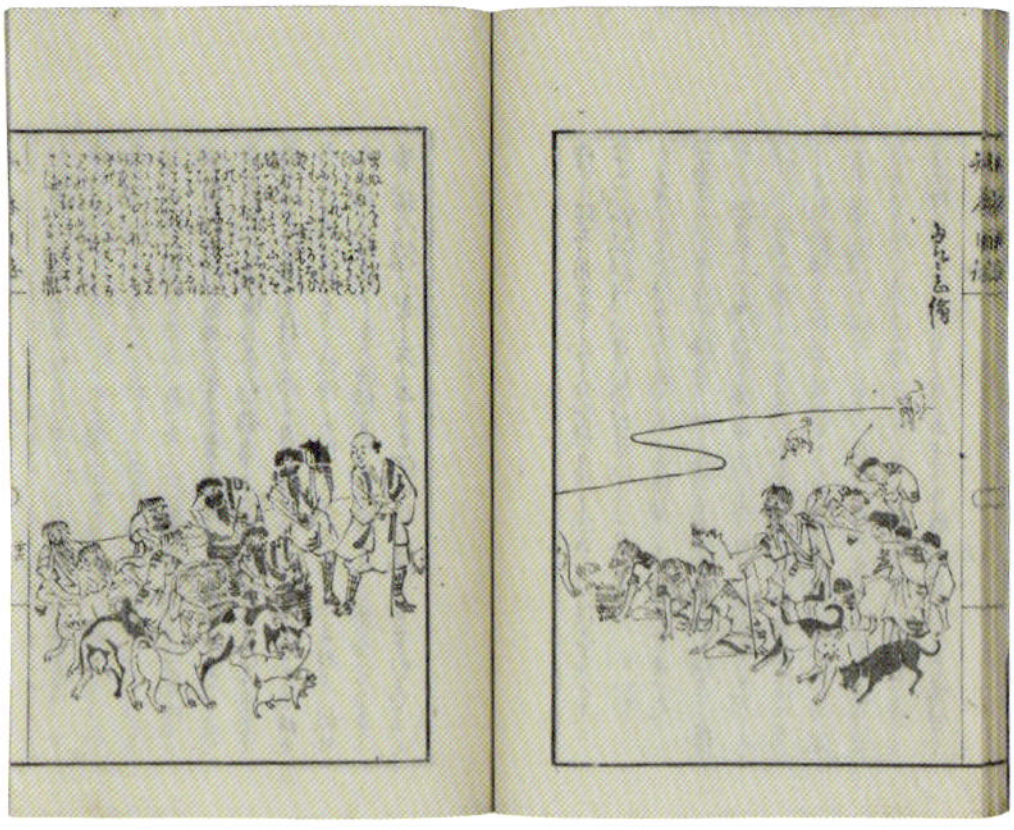

『知床日誌』の挿絵より　北海道博物館蔵

なお、武四郎はその後明治政府の役人となり、在任中にアイヌ語の地名などをもとに国名・郡名を選定する。今日までも残る北海道の地名は、アイヌの人々が古くからこの地で暮らしてきたという証拠でもあることを心に留めておいてほしい。

紀伊山地《きいさんち》の霊場《れいじょう》と参詣道《さんけいみち》

丹生都比売神社《にうつひめじんじゃ》・楼門

登録内容

遺産種別	文化遺産
登録年	2004年・2016年追加登録(軽微な変更)
登録基準	2・3・4・6
登録遺産面積	コアゾーン506.4ha、バッファゾーン12,100ha
登録対象資産	三霊場の十七遺産群と三参詣道 [霊場] 吉野・大峯/吉野山、金峯山寺《きんぷせんじ》、大峰山寺、吉野水分神社《よしのみくまりじんじゃ》、吉水神社、金峯神社 熊野三山/熊野本宮大社《ほんぐうたいしゃ》、熊野速玉大社《はやたまたいしゃ》、熊野那智大社《なちたいしゃ》、青岸渡寺《せいがんとじ》、那智大滝、那智原始林、補陀洛山寺《ふだらくさんじ》 高野山/丹生官省符神社《にうかんしょうぶじんじゃ》、金剛峯寺《こんごうぶじ》、慈尊院《じそんいん》、丹生都比売神社《にうつひめじんじゃ》 [参詣道] 大峯奥駈道《おおみねおくがけみち》、熊野参詣道/大辺路《おおへち》、中辺路《なかへち》、小辺路《こへち》、伊勢路《いせじ》 高野《こうや》参詣道
行政区分	三重県:尾鷲市、熊野市、大紀町、紀北町、御浜町、紀宝町 奈良県:五條市、吉野町、黒滝村、天川村、野迫川村、十津川村、下北山村、上北山村、川上村 和歌山県:新宮市、田辺市、かつらぎ町、九度山町、高野町、白浜町、すさみ町、那智勝浦町、橋本市、上富田町、串本町

紀伊山地

神と仏がつながっている場所に心が自然と温まる

「神々がこもる」…、「仏が宿る」…、紀伊の山々

紀伊山地の世界遺産には、「吉野・大峯《おおみね》」「熊野三山」「高野山」と、起源や内容を異にする三つの霊場とそこに至るまでの「参詣道」がある。

人々が簡単に立ち入ることを拒むような山岳地形には、山や岩、森や樹木、川や滝など信仰心を呼び起こす自然にも恵まれており、複合遺産と位置付けても不思議ではないほどの景観を誇っている。

また「道」が世界遺産として登録されたのは、スペインとフランスを結ぶ巡礼の道「サンティアゴ・デ・コンポステーラの巡礼道」につぐもので、参詣道という無数の人間の足跡が世界遺産になったことも特筆すべき点である。

三つの霊場の持つ文化的価値は、一つ一つ奥が深く、それぞれ単独の世界遺産となってもおかしくないほどである。日本の原風景を想起させる自然や景観は、日本人の心の深い所を揺さぶる魅力を秘めている。

紀伊山地の深い山々の中に三つの聖地

古《いにしえ》の奈良や京都の都から見て、太陽の光が差してくる南の方角にある山々が紀伊山地であった。太平洋に張り出した紀伊半島の大部分を占める紀伊山地には、東西、南北に標高1000～2000m級の山脈が走り、年間3000㎜に達する雨が森林を育てる山岳地帯である。

山岳信仰をベースにした日本独自の宗教ともいえる「修《しゅ》験道《げんどう》」。修験道とは「験《げん》＝しるし、あかし」を修《おさ》める道をきわめてゆくもので、この「しるし」とは自然がたたえる生命エネルギーのことである。

修行の場（山川草木、湧水、巨岩などを祈りの対象とする）であった紀伊山地の霊場は、その霊験のありがたさが伝えられると、貴族たちの参詣が増えてくる。

金峯山寺・蔵王堂は、行者を出迎える寺院

“詣でる”ことの意味と神仏習合《しんぶつしゅうごう》

この世界遺産に触れると、神社や寺に詣でることの意味を改めて考えさせられる。例えば、現在も初詣に東京の「明治神宮」に詣でる人もあれば、千葉県の「成田山新勝寺」（真言宗）に詣でる人もいる。京都ならば「八坂神社」に参り、その後「知恩院」（浄土宗）に詣でる人もいる。また、元旦には山上でご来光を拝む人もいる。これらは、いずれも自然なことであって「おかしい！」と異議を唱える人もいないであろう。

神社と寺院をはっきりと区別するようになったのは、**1868（慶応4）年3月に明治政府が出した「神仏分離令」による。**背景には「王政復活」「祭政一致」の理想を実現しようとした意図があるという。神道と仏教、神と仏をはっきりと分け、神社から仏教的色彩を排除したのである。

この令が通達される前は、一部例外はあったとしても「神仏習合」であった。**神仏習合とは、日本土着の神祇《しんぎ》信仰（※）と仏教信仰が混淆《こんこう》して、一つの信仰体系として習合された現象をいう。**神仏習合は奈良時代から本格的に動き出したとされている。

ところが、**紀伊山地の霊場と参詣道という世界遺産には、祀られている神や寺の本尊が何であるかというようなことを超えたものがある。**それは岩、水、樹木、生物など、自然からわきあがったものや空気感を、古代人と同じような気持ちで崇拝できるからであろう。ここは詣でることによって、人の感性に訴えてくるものがある「地」なのである。修験道者が山中に入り「擬死再生」（いったん死んだものと見なし、苦行を経て生まれ変わって現世に戻る、という考え）を体験することと似ているのかもしれない。

熊野古道・大門坂
先人が歩いたときと同じように、石一つ、樹木一本一本の生命エネルギーと対話ができる

※神祇《しんぎ》信仰／江戸時代以前の、神に対する信仰や神社に対する信仰をまとめて呼ぶときの用語。なお、神仏分離令前の「神道」の捉え方はいろいろとある。また、英語でも「shinto」ではなく「Kami-Worship（礼拝、崇拝）」＝神祇信仰という訳が使われるようになっている。

なるほどCheck! 熊野三山と本地垂迹《ほんじすいじゃく》

日本古来の神々への信仰とインドから中国・朝鮮を介して日本に伝来（538 年または 552 年とされる）した仏教への信仰。この神道と仏教を両立させ、整合性を持たせるという考え方「本地垂迹」は、平安時代に成立した。

本地垂迹とは、「神の本体は仏」という思想で、「神」というのは人々を救うために、仏が姿を変えて仮に現れたものという考え方である。仮に現れた神のことを「権現《ごんげん》」といい、本体である仏を本地《ほんじ》という。「熊野三社権現《ごんげん》」という呼び名もここから生まれた。なお、垂迹とは「跡《あと》」を垂れるという意味で神仏が現れることをいう。

また、このように熊野三山を新たな聖地とさせた原動力も修験者にあったという。世俗を離れ、熊野の山という生命エネルギーの中に入り、生命の本質を目のあたりにすることが「行」の一つなのである。

熊野本宮大社《ほんぐうたいしゃ》の鳥居

熊野速玉大社《はやたまたいしゃ》の神門

熊野那智大社《なちたいしゃ》の別宮、那智大滝

熊野三山の主神と本地仏

名称＼項目	祭祀起源	主　神	本地仏
熊野本宮大社《ほんぐうたいしゃ》	熊野川	家津御子大神《けつみこのおおかみ》	阿弥陀如来
熊野速玉大社《はやたまたいしゃ》	ゴトビキ岩	熊野速玉大神《はやたまおおかみ》	薬師如来
熊野那智大社《なちたいしゃ》	那智大滝	熊野夫須美大神《ふすみのおおかみ》	千手観音菩薩

天空の宗教都市
空海の高野山

「宗教都市」という言葉を耳にしたとき、ヨーロッパならともかく日本に「宗教都市」と呼べるような町があるのだろうかと疑問に思っても不思議ではない。

ところが、実際に都会から電車、ケーブルカー、バスなどに乗って山に入ると、突然、町が現れる。**その町は標高900m前後の高地にあり、117という数の寺院がある都市なのである。**普通は「高野山」と呼ぶが、正式には「高野山真言宗　総本山金剛《こんごう》峯寺《ぶじ》」である。

ここは、弘法大師空海（774－835年）が唐からもたらした真言密教の修道場として、816（弘仁7）年に創建した聖地である。境内の広さは約4万8千坪、高野山については次のような説明がされている。「総本山金剛峯寺という場合、高野山全体を指します。普通、お寺といえば一つの建造物を思い浮かべ、その敷地内を境内といいますが、高野山は『一山境《いっさんけい》内地《だいち》』と称し、高野山の至る所がお寺の境内地であり、高野山全体がお寺なのです。」

金堂／高野山の総本堂として平安時代の半ばから重要な役割を果たしている

空海が高野山の創建にあたり、まず始めたことは今から1700年前以上に創建された丹生都比売神社《にうつひめじんじゃ》の神を山上に勧請《かんじょう》（神仏の分身・分霊を他の地に移すこと）し、守護神として祀ることであった。**これ自体が「神と仏**

根本大塔
真言密教の根本道場におけるシンボルとして建立

のたぐいまれな融合」といわれ、まさに神仏習合の一端である。

今から約１２００年前につくられた高野山、人が歩いて物を運ぶしかなかった時代を想像するだけでも、空海の偉大さが伝わってくる。

不動堂／行勝上人《ぎょうしょうしょうにん》によって 1197（建久８）年に建立

あれこれPoint! 吉野の桜

大峰山脈の北端部にある吉野山は、「吉野・大峯」霊場の登録資産の一つであり、大峰山を経て熊野三山へ続く、修行道「大峯奥駈道《おおみねおくがけみち》」の北端にあたる。

吉野山には平安時代頃から桜が植え続けられてきており、桜の名所としても有名である。

吉野の桜を舞台にした歴史上の人物には、源義経、後醍醐天皇、豊臣秀吉などがいる。

吉水神社から見た吉野の桜／吉水神社は神仏分離令や修験道廃止令によって神社になったが、役行者《えんのぎょうじゃ》の創建と伝承される僧坊であった。ここは行者や参詣者の滞在所・宿泊所としての歴史も残っている

吉水神社には「一目千本」という文字が掲げられている

紀伊山地の霊場と参詣道の変遷年表

年代・時代	動き	熊野三山	高野	吉野	参詣道
	有史以前	ゴトビキ岩、那智大滝等に対する自然崇拝に基づく信仰の発生	高野地域の地主神・丹生都比売神社の祭祀が起こる	古代の神話に吉野が登場する	古代の神話に、吉野、熊野、花の窟が登場する
500〜	仏教伝来 538（または552）				
600〜（飛鳥）				〈689〉持統天皇（称制）吉野行幸	
700〜（奈良）	〈710〉平城京遷都 〈794〉平安京遷都	〈766〉熊野夫須美神と熊野速玉神に封戸が与えられる		〈7〜8世紀初〉修験道の開祖・役行者小角　吉野・大峰を開くという	
800〜（平安）			〈806〉僧空海、唐から帰国、真言密教をもたらす 〈816〉空海、金剛峰寺創建 〈826〉高野山下の政所に慈尊院と丹生官省符神社を創建すると伝えられる		〈816〉空海、高野山町石道を開く
900〜		〈907〉宇多法皇、熊野御幸 〈10世紀後半〉熊野三神が合祀され「熊野三山」となる	〈1023〉藤原道長が高野山を参詣する	〈900〉宇多法皇、吉野御幸 〈1007〉藤原道長が、吉野に初めて参詣・埋経。流行の端緒となる	
1000〜	末法初年とされ、造寺・造仏・霊場・参詣・埋経が盛んになる 1052				
		〈1090〉白河上皇、熊野に参詣、熊野御幸が盛んとなる	〈1088〉白河上皇、高野山へ参詣		〈1090〉「熊野御幸」盛んとなり、熊野参詣道が整備される
1100〜	〈1185〉鎌倉幕府成立	〈1161〉西国観音霊場三十三所巡礼が始められ、青岸渡寺が札所となる	〈1113〉この頃から奥院に経塚が造営される		
1200〜（鎌倉）			〈1208〉丹生都比売神社祭神に二神を合祀、四所明神となる		〈1265〉高野山の僧覚斆、町石道建立を発願
1300〜（室町）				〈1336〉吉野山に朝廷（南朝）が置かれる	
1400〜	庶民の霊場信仰が盛んになる 15〜16世紀				
1500〜（安土桃山）					
1600〜（江戸）	〈1603〉江戸幕府成立				
1700〜					
1800〜（明治）	〈1868〉明治維新	〈1891〉熊野本宮大社社殿三棟を現在地に移築			

高野山町石道

高野山（西塔）

大峰山寺

参考：和歌山県世界遺産協議会HP　http://www.sekaiisan-wakayama.jp/

琉球王国《りゅうきゅうおうこく》のグスク及《およ》び関連遺産群《かんれんいさんぐん》

首里城正殿（火災前）

登録内容

遺産種別	文化遺産
登録年	2000年
登録基準	2·3·6
登録遺産面積	コアゾーン54.9ha バッファゾーン559.7ha
登録対象資産	玉陵《たまうどぅん》、園比屋武御嶽石門《そのひゃんうたきいしもん》、今帰仁城跡《なきじんじょうあと》、座喜味城跡《ざきみじょうあと》、勝連城跡《かつれんじょうあと》、中城城跡《なかぐすくじょうあと》、斎場御嶽《せいふぁうたき》、首里城跡、識名園
行政区分	沖縄県：那覇市、うるま市、南城市、国頭郡今帰仁村、中頭郡読谷村、中頭郡北中城村、中城村

首里城にて。所在地は沖縄県那覇市　Photo by:663highland
©http://zh.wikipedia.org/wiki/File:Naha_Shuri_Castle20s5s3200.jpg

独自の文化を築いた「琉球王国」の歴史を伝えるグスク

沖縄最古のグスクといわれている勝連城跡

現代に残る、独立王国が歩んだ450年間の夢の跡

沖縄がこれまで歩んできた独自の歴史・文化を語る上で欠かせないのが「琉球王国」という王朝の存在だ。

14世紀頃の沖縄本島には、北山《ほくざん》・中山《ちゅうざん》・南山《なんざん》と呼ばれる三つの勢力が台頭していた三山時代があった。その後、15世紀前半に首里城を拠点とした統一王朝「琉球王国」が誕生。以降、450年もの間、中国・日本・朝鮮・東南アジア諸国との交易で栄え、平和で豊かな国を築いてきた。

琉球王国の歴史を現代に伝えるのが、「琉球王国のグスク及び関連遺産群」である。琉球王国成立の過程と今日まで続く国際色豊かな文化を物語るとし、三山時代から琉球王国時代にかけて建築された九つの史跡が、一つの世界遺産として2000年に登録。王家の居城となった城跡をはじめ、聖地とされていた御嶽など沖縄県の3市4村に点在する史跡は、世界が認めた琉球の文化に触れることのできる貴重な資産となっている。

グスク時代からはじまった琉球王国の歴史

沖縄では12世紀頃から「按司（あじまたはあんじ）」と呼ばれる小領主が各地で台頭し、覇権を争うようになった。按司は自らの勢力の維持と抗争に備えて、石づくりの強固な城塞を築いていった。**これが琉球王国の歴史と文化を象徴する「グスク」であり、後に、この時代を「グスク時代」と呼ぶようになる。**

日本の公家の位に相当した按司（右が大礼服、左が通常服の姿）

やがて14世紀になると、**各地でグスクを構えていた按司を束ねる強力な王が現れ、北山・中山・南山と称し、統一王国の樹立を目指して激しい争いが起こるようになった。これが沖縄の戦国時代「三山時代」である。**

北山が拠点としたのが登録資産の一つである今帰仁城で、そのほか、中山は浦添城《うらそえじょう》、南山は南山城《みなみやまじょう》（別名島尻《しまじり》大里城《おおざとじょう》）であった。しかし、琉球王国の王になったのは、この三山の王たちではなかった。

15世紀に入り、沖縄県南部の佐敷按司であった尚《しょう》巴《は》志《し》が勢力を伸ばし、1406年に三山のうち最強とされていた中山を制圧。拠点を首里城に移し、1416年に北山、1429年に南山と相次いで攻略。同年に**琉球最初の統一政権となる、第一尚氏王統が生まれ、琉球王国が誕生した。**

以後、1879（明治12）年に沖縄県になるまで、450年に渡って琉球王国は首里城を中心に華麗な王朝文化を花開かせていく。

グスクとは一体何か？謎めく石造りの建造物

遺産登録されているのは、小高い丘の上にたつ比較的大規模なグスク。写真は座喜味城跡

琉球王国の歴史と文化を象徴する「グスク」。一般的には「城」と書いてグスクと読むことが多いが、その様相は、城というよりは**「石造りの建造物」**と表現した方が適切かもしれない。

「グスク」の起源については未だ謎が多く、研究者の間でも「グスク議論」なるものが起こり、そのものの意味についても統一されていないという。

世界遺産に認定されているグスクは、石垣の城塞を巡らせている大規模なものだが、そういったグスクはごく一部であり、ほとんどは規模や形がバラバラである。

しかし、沖縄県で現在発見されているグスクに共通するのは、石を積んだ囲いがあるということ。そして、墓地や信仰の場である拝所を持っていることも共通点の一つだという。こうしたことから、諸説あるなかでも「集落」説と「聖域」説が有力視されている。

なるほどCheck!

グスクを形づくる石積み方法

グスクの石積みには「布積み」、「相方積み」、「野面《のづら》積み」と大きく分けて三つの方法がある。

布積み

一定の直方体に加工された石を積み上げる方法。きれいな仕上がりだが、強度の面では、やや劣る

相方積み

六角形や五角形に加工して、噛み合わせるように積む方法。沖縄独特の石積み方法で、力を分散させるため丈夫

野面積み

大小さまざまな石を組み合わせて積む。石は自然な形か少し加工して積む、もっとも古い石積み方法

王国のシンボル 異国情緒漂う首里城

那覇港を見下ろす、高さ 120 mの丘の上にたつ首里城。外郭に歓会門など四つの石造アーチ門、内部にも九つの門があり、これを6～10mの堅牢な石垣で連ねている

首里城は王族が居住する王宮であると同時に、**政治や儀式、祭祀などが行われた琉球王国の象徴として、1879（明治12）年の琉球処分で沖縄県が発足するまで、その役目を果たしてきた。**城の周辺には芸能や音楽、工芸など芸術の専門家が多く住んでいたことから、琉球の文化の発信地でもあったという。

その様相は戦国時代にたてられた日本の城とはまったく趣が異なり、**どこか異国を感じさせるつくりで、当時日本や東南アジアなどの影響を受けながら、琉球独自の文化を育んでいった沖縄の歴史を垣間見ることができる。**

14世紀にたてられた首里城は、太平洋戦争の際に米軍の集中放火を浴びて、一部を残し大破。その跡地に琉球大学が建設され、その面影は一時消え去ってしまった。しかし、同大学の移転が決まり、1980年（昭和55）から復元作業が行われ、本土復帰20年にあたる1992年にようやく完成したが、2019年に火災により消失した。なお、世界遺産に登録されているのは、「首里城跡」であり、復元された建物や城壁は世界遺産には含まれていない。

戦災で失われる前の首里城の正殿（1938年）

第一尚氏王統の権力を揺るがせた護佐丸《ごさまる》・阿麻和利《あまわり》の乱

沖縄最古のグスク勝連城跡。最後の城主阿麻和利は海外貿易をいち早くはじめた人物として、民衆からは英雄視されていた

尚巴志王の三山統一により琉球王国が成立した後も、地方の諸按司の勢力は強く、有効な中央集権化政策を実施しなかったため、第一王統はわずか63年間で瓦解した。**その原因の一つになったのが1458年に起こった「護佐丸・阿麻和利の乱」だ。**

勝連半島を中心に勢力を伸ばしていた阿麻和利と、読谷村の出身の按司で座喜味城を築城した護佐丸は、地方按司の中でも特に力を持っていた。護佐丸は1416年に尚巴志が北山征伐軍を興すと、有力按司の一人として連合軍に合流。その後、第一尚氏王統6代の王に仕え、琉球王国最高の実力者となる。一方阿麻和利は最後まで琉球王国の統一に抵抗した、首里王府にとっては反逆児だった。

首里王府は阿麻和利牽制のため、護佐丸を中山の座喜味城から中城城へ居城を命じた。以後18年間、護佐丸は中国や東南アジアとの海外交易で、第一尚氏王統の経済の安定を支えた。

しかし、王位を奪おうという野心を持っていた阿麻和利にとって、護佐丸は最も邪魔な存在だった。**そこで阿麻和利は、第6代国王の尚泰久に護佐丸が謀反を企てていると讒言《ざんげん》。それを**

“忠臣の鏡”と呼ばれた護佐丸が最期を迎えた中城城跡

中城城, 沖縄県北中城村と中城村　Photo by:663highland
©http://pt.wikipedia.org/wiki/Ficheiro:Nakagusuku_Castle25bs3104.jpg

あれこれPoint! 宗教的施設だった御嶽

御嶽とは琉球の信仰における聖域のことで、村人達の祖先である神が訪れる場所として琉球の集落には必ずあった。琉球王国が御嶽を統治方法の一つに取りこんだのは第二尚氏第三代尚真王の時代のことで、王の妹を王国最高の神女（女性の神官）である「聞得大君《きこえおおぎみ》」にさせ、各地にノロと呼ばれる地方神女を配置するピラミッド型の組織を形成した。御嶽は男子禁制の神域であり、現在でも御嶽の多くは一定区域までしか入ることが許されていない。

今帰仁城跡内の御嶽であるテンチジアマチジ

Photo by:shig2006

信じた尚泰久は阿麻和利を総大将に任命し、中城城を包囲させた。護佐丸は、王府軍と聞いて反撃せず、妻子とともに自害する道を選んだのだった。その後、計略だったことを知った王府は、阿麻和利を攻め滅ぼした。第一王統を揺るがせた按司の二大勢力が一気にこの世から姿を消してしまったのだった。その後、1469年にクーデターが起こり、当時、貿易長官だった金丸が王に即位。尚円と名乗り、第二尚氏王統がはじまったのである。

琉球王国のグスク及び関連遺産群 登録資産 MAP

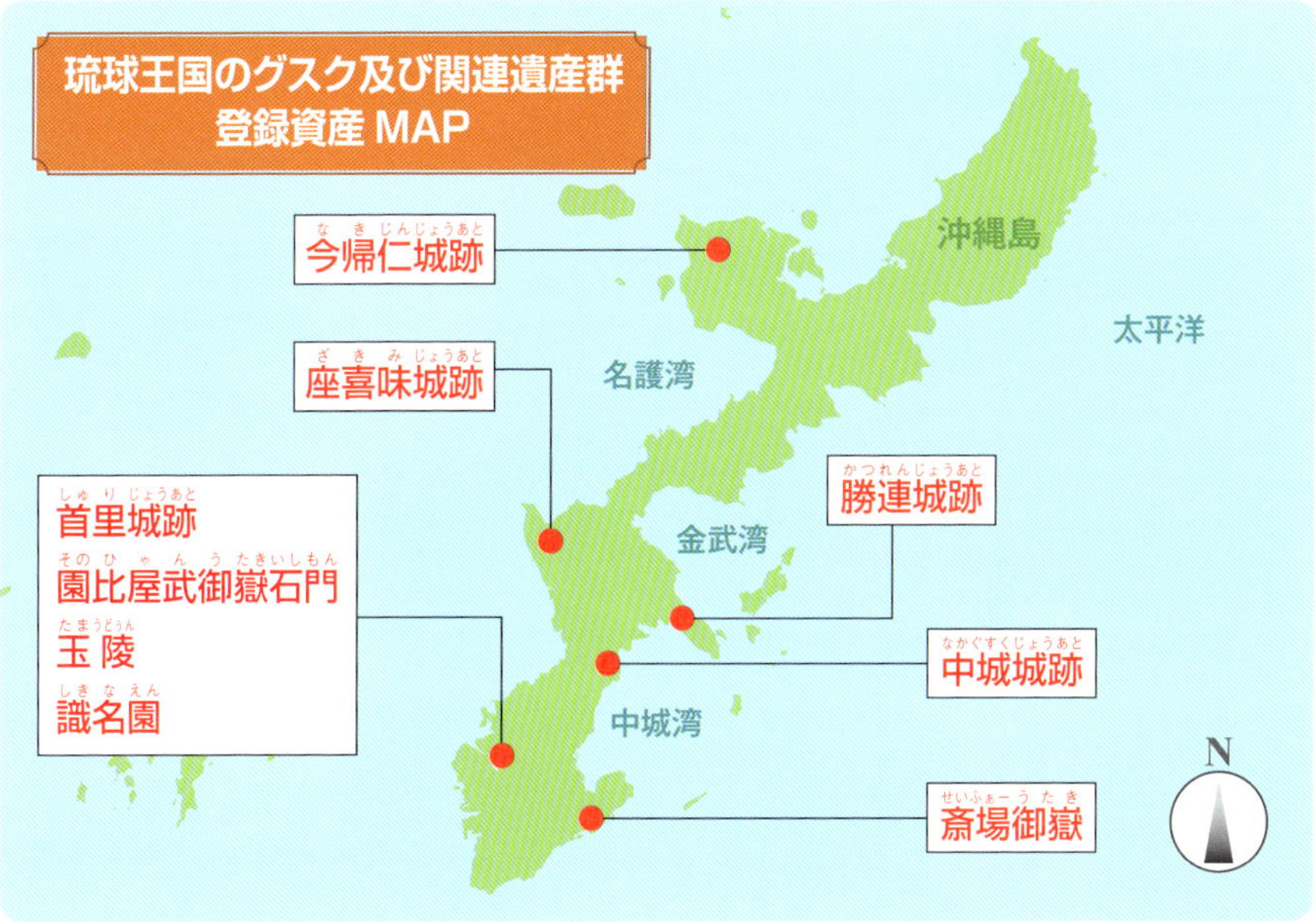

琉球王国のグスク及び関連遺産群　その他の登録資産

玉陵

沖縄県最大の王家の陵墓。琉球独自の陵墓として、近世の日本においても重要な石造記念建築物といわれている。

識名園

1799 年に、中国皇帝の使者をはじめ、海外からの使者をもてなす場所としてつくられた琉球王家の別邸及び庭園。

斎場御嶽

御嶽の中でも最も格式の高い聖地。琉球王国時代には王国最高位の神女「聞得大君」の就任儀式など国の重要な神事が行われていた。

今帰仁城跡

三山時代の北山王が居城していた城。起伏に富んだ地形に沿ってつくられた城壁が、優美な曲線を描くように巡らされている。

園比屋武御嶽石門

国王が外出する際に、安全を祈願した拝所。国家行事や祭祀と密着した重要な御嶽には、今でも祈願に訪れる人が多い。

座喜味城跡

北山の旧勢力を牽制するために、15世紀初頭に護佐丸が築城した。

日光《にっこう》の社寺《しゃじ》

日光山内最大の
大きさを誇る
輪王寺本堂（三仏堂）

登録内容

遺産種別	文化遺産
登録年	1999年
登録基準	1･4･6
登録遺産面積	コアゾーン50.8ha、バッファゾーン373.2ha
登録対象資産	二荒山神社、東照宮、輪王寺
行政区分	栃木県：日光市

天下を治めた徳川家の統治政策の一つとなった日光

日光東照宮陽明門

Photo by: ©Tomo.Yun(http://www.yunphoto.net)

大霊山「日光山」の繁栄と衰退、そして再興へ

古くから関東の大霊山と称され、霊峰・男体山《なんたいさん》を御神体とする山岳信仰や神道と仏教を融合させた神仏習合など、日本人の抱く自然観と深く結びついた信仰を今日まで色濃く残す日光山。開山以来、大いに栄えた日光であるが、戦国時代には一時的に衰退。しかし江戸時代に入ると、徳川幕府初代将軍家康を祀る聖地となり、天皇家の祖神である天照大神を祀る伊勢神宮に並ぶ宗教的な権威ある地として、徳川幕藩体制を支える政治的な意義を持つようになる。

世界遺産である日光の社寺は、栃木県日光市内にあり、二荒山《ふたらさん》神社、東照宮、輪王寺《りんのうじ》の2社1寺とその境内地からなる。その中には徳川家康を祀る500以上の彫刻が刻まれているとされる日光東照宮の陽明門や、三代将軍家光の霊廟である輪王寺の大猷院《たいゆういん》などの国宝9棟と重要文化財94棟を含む計103棟の建造物群が世界遺産に含まれている。

中世以降霊場として信仰を集めた日光山

二荒山神社のご神体である男体山

世界遺産である日光の社寺は、二荒山神社と日光東照宮、輪王寺に分かれ、「2社1寺」と称されるが、17世紀に建立された日光東照宮に対し、二荒山神社と輪王寺は1200年以上の歴史を持っている。

日光山の開山は766（天平神護《てんぴょうじんご》2）年に勝道《しょうどう》上人《しょうにん》によって行われた。男体山を信仰の対象として崇めていた勝道上人が霊峰を拝していると、ある日背後から紫の雲が立ち昇り、大空に舞い上がって東北方面に吸い込まれたのを目撃。その地を訪れると、そこには紫の雲を発する石（紫雲石《しうんせき》）があり、上人は東西南北を守護する青竜・白虎・朱雀・玄武の四神守護の霊地だと感じとった。そしてこの場所に堂を建て「四本竜寺《しほんりゅうじ》（紫雲《しうん》立寺《りゅうじ》という説もあり）」と名づけたという。そして767（天平神護3）年には二荒山(男体山)の神を祭る祠を建てた。これが輪王寺、二荒山神社の始まりである。以来、**日光の地は日本の元々ある神への信仰（神道）と大陸から伝来した仏への信仰（仏教）を融合させた神仏習合の霊場として重要な拠点となる。日光には弘法大師と呼ばれる**

勝道上人
（735−817年）

下野国《しもつけのくに》高岡（現在の栃木県高岡）に生まれた人物で、幼少期から僧侶になるための修行を重ね28歳の時に下野薬師寺で僧侶の試験に合格した後、二荒山（男体山）の登頂を目指し、48歳の時に達成する。延暦年間（782−806年）に上野国《こうずけのくに》講師に任じられ、807年の旱魃に際しては日光山で祈雨（雨乞いの術）を修法し、その功により伝灯法師位を授けられている。

真言宗の開祖空海も訪れており、この地の地名である二荒の文字が感心しないと、フタラを二コウと音読し、良い字をあてて日光にしたと伝えられている。

後に征夷大将軍として鎌倉に幕府を開く、源頼朝をはじめ、関東の武士からも日光は篤く崇拝され、鎌倉時代に入ると、**日光三山（男体山、女峰山、太郎山）にそれぞれ神と仏が宿るとする信仰の形が定着し、日光山内には三仏を祀る三仏堂や三神を祀る本宮社・滝尾社、新宮社などが整備された。**また、この頃になると、500近くの寺院が建つ日光山は、関東の比叡山といわれ、仏教文化がもっとも花開いたとも伝えられている。

1619年に徳川二大将軍秀忠の寄進によって建てられた二荒山神社本殿

神仏習合思想の一つである日光三社権現の本地仏《ほんじぶつ》として輪王寺本堂に祀られている三体の本尊。右から「千手観音」、「阿弥陀如来」、「馬頭観音」

あれこれPoint! 1

日光山への表玄関神橋《しんきょう》の伝説

華厳の滝から流れる大谷川の激流に足を止められた勝道上人一行は、ひざまづいて一心に祈念を凝らすと、川の北岸に一柱の神人が現われ、「我は深砂大王《じんじゃだいおう》である。汝を彼の岸に渡すべし」といいながら手にもった蛇を放つと、赤と青二匹の蛇は、たちまち川の対岸とを結び、虹のように橋をつくり、背に山菅《やますげ》が生えたので、上人一行は早速これによって急流を渡ることができたという伝承がある。そこから、神橋のことを山菅の蛇橋と呼ばれるようになった。

現在の幅 7.4m 長さ 28m の神橋は、江戸時代につくられたもの

日光の衰退と江戸幕府による再興

室町時代に入ると、日光はこの地を治めていた後北条氏（小田原北条氏）によって篤い崇拝を受けたが、1590（天正18）年に豊臣秀吉の小田原征伐が起こると事態は一変する。日光は北条氏に味方し、豊臣秀吉と対立したが、北条氏が滅ぶと、大部分の寺社領を没収されるなどの弾圧を受け一時衰退した。しかし、北条氏に代わってこの地を治める徳川家康が篤く信仰することで再興を果たすのだが、一つの疑問が生まれる。徳川家康の出身は三河（現愛知県東部）であり、代々浄土宗を信仰していた。日光は天台宗の寺院がある場所なので土地的にも宗教的にも縁が薄いのである。何故日光が家康、そして歴代の将軍達に重用されたかというと**家康の側近であり、家康・秀忠・家光という三代の将軍に仕えた天海の活動によるところが大きいといわれている。**

天海は天台宗の僧侶で、家康と知己を得たのは小田原征伐とされているが、仕えたのは家康が江戸に幕府を開いた後の1609年頃だといわれている。宗教・政治政策の顧問に納まっていた天海は、**幕府の威光を高めるために、関東で篤く信仰されていた日光の再興を計画し家康に提案。**「徳川家は源氏の子孫である」と称していた家康は、源氏が篤く信仰していた日光を重んじようとしたと考えられる。

徳川家康
（1543—1616年）

あれこれPoint! 2 黒衣の宰相と呼ばれた天海

天海大僧正（慈眼大師《じげんだいし》）は、会津大沼郡高田郷の出身で、1536年生まれと伝えられている。数々の寺院の住持（住職）として務め、武田信玄や後陽成天皇に法の教えを説いたとされている。徳川家への影響力も強く、もう一人の宗教・政治顧問である臨済宗の僧崇伝《すうでん》と共に黒衣の宰相と呼ばれてい

天海が眠る慈眼堂

Photo by: 日光フォトコンテスト入賞作品

家康の死と東照社の造営

1616年に家康が亡くなる。その際に「死後は久能山に葬り、芝の増上寺で法要を行い、三河の大樹寺に位牌を立て、一年後日光山に小堂を建て、神として移し祀れ」という遺言を残している。その遺言を基に、二代将軍秀忠は、家康を久能山に葬り、翌1617年に下野国日光に改葬した。この時、家康を神として祀るときに「権現」を主張する天海と、「明神」を主張する崇伝との間で論争が起こったとされているが、最終的に天海の主張する権現に決まり、家康は東照大権現として朝廷から神号を送られた。この時日光に建立された神社が後の日光東照宮となる東照社なのだが、建立当初はとても質素なものだったといわれている。

宝塔に家康の遺骨が納められている日光東照宮の奥社宝塔

日光改葬は風水が関係していた？

あれこれPoint! 2

家康の遺言に従って日光に東照宮が建立されたが、それには風水的な影響もあったといわれている。江戸城から見て、日光はほぼ真北に位置する場所にあり、北極星（北辰）の方角でもあった。古代中国では星々の中心である北極星には全宇宙を支配する天帝と呼ばれる存在がいると考えられてきた。家康を日光に祀ることで日本の中枢である江戸の地を守ろうと考えたのであろう。また、最初に埋められた久能山から真西には、家康と縁の深い鳳来寺や家康生誕の地である岡崎がある。東西の道は死と再生を司る太陽の道、久能山から富士山を通過して日光へ向かう道は神が通る不死の道と信じられていた。古来より伝わる風水的な知識を用いて家康埋葬の地は決められたのだ。

二世権現によって築かれた絢爛たる日光東照宮

東照社が現在のような姿になるのは1636年、三代将軍家光の時代のことである。**家光は父である秀忠より祖父である家康の方を尊敬しており、将軍就任前を含み、その生涯の中で10回日光に参拝したと記録に残っている。**両親が弟である忠長を可愛がるのに対し、家康の態度と言葉によって次期将軍が家光に決まったことに加え、幼少のころから病弱だった家光は3歳の時に大病したが家康の調薬によって快復したなど、家康にまつわるエピソードが残っているほか、**守袋に「二世ごんげん（権現）、二世将軍」や「生きるも死ぬるも何事もみな大権現様次第に」などと書いた紙を入れて身につけており、**家光の家康とのつながりの意識の強さと尊崇ぶりを著すものと見られている。

そんな家光が改築した東照宮をはじめとした日光は、当時の**日本の職人が持つ最高の技術を取り入れた極彩色の豪華絢爛な社寺建築群に生まれ変わった。**その代表的な建造物の一つが「陽明門」で、500を超える精緻で色鮮やかな彫刻で埋め尽くされ、金箔もふんだんに使われた人工美の極致といえる建物といえよう。また、家光は死後も家康に仕えるために二荒山神社の西側に輪王寺大猷院《たいゆういん》霊廟を建築している。歴代徳川将軍の遺骨は、家康・家光・慶喜を除けば皆寛永寺と増上寺に納められていることから、家光の家康に対するこだわりが分かるだろう。

私的な心情とは別に家光は東照宮の政治的利用も行っている。改築がはじまった年に来日した朝鮮からの使者である朝鮮通信使が対馬藩主・宗氏の要請で日光参詣を行っているほか、朝廷から日光へ幣帛《へいはく》（衣服や神酒など）を届ける奉幣《ほうへい》が行われるなど日光東照宮と徳川政権の権威は江戸時代を通じて大いに高められたといえよう。

国宝にも指定されている陽明門。一日中見ても飽きないことから「日暮らしの門」とも呼ばれている

日光東照宮の著名な彫刻

眠り猫

1635年に建てられた廻廊の欄間に彫られたもので、江戸時代の伝説の名工・左甚五郎の作と伝えられている。門の裏にはスズメが掘られており、天敵である猫が居眠りをしてスズメが踊っている姿から、戦乱が収まり平和が訪れたことを表しているといわれている。平和への願いをモチーフにした彫刻は陽明門の中に彫られている子どもが遊ぶ姿などでも見ることができる。

三猿

1635年に建てられた神厩（神馬をつなぐ厩）の壁に彫られている八面の猿の彫り物の中で、もっとも有名なもの。3匹の猿がそれぞれ目を塞ぐ、口を塞ぐ、耳を塞ぐといった様相から「見ざる・言わざる・聞かざる」という人間に重要な叡智の三つの秘密を示しているとされる。3匹の猿は日本独自のものではなく、古代エジプトの言い伝えが、シルクロードを経由して中国から伝わったという説もある。

想像の象

1635年に建てられた三神庫の妻（側面）に掘られたもので、一見すると象の彫刻のように見えるが、耳の付き方や尻尾の形が実際とは異なる。これは東照宮建立時の美術監督だった狩野探幽《かのうたんゆう》が実物を知らずに彫刻の下絵を描いたことから想像の象と呼ばれている。

Photo by: ©Tomo.Yun(http://www.yunphoto.net)

古《こ》都《と》奈《な》良《ら》の文《ぶん》化《か》財《ざい》

東大寺大仏
Photo by : ©Tomo.Yun (http://www.yunphoto.net)

登録内容

遺産種別	文化遺産
登録年	1998年
登録基準	2・3・4・6
登録遺産面積	コアゾーン616.9ha、バッファゾーン1962.5ha、歴史的環境調整区域539.0ha
登録対象資産	東大寺、興福寺、春日大社、元興寺、薬師寺、唐招提寺、平城宮跡、春日山原始林
行政区分	奈良県：奈良市

大陸文化の影響を受けた千三百年の歴史を持つ都

興福寺・五重塔
Photo by：©Tomo.Yun (http://www.yunphoto.net)

律令制《りつりょうせい》の制定と鎮護国家による国家体制の確立

710（和銅3）年から784（延暦《えんりゃく》3）年まで日本の首都であり、政治・経済・文化の中心として栄えた奈良。豪族の連合政権であるヤマト政権から、中央集権を目指す必要性が高まって行われた大化の改新以降、朝廷がモデルにしたのは国家統一を果たした大国・唐（中国）だった。遣唐使の派遣によって唐の優れた政治システムである律令の導入や、中国大陸、朝鮮半島との交流を経て日本文化の原型が完成。同時に唐風の文化を踏まえながらも日本の風土や生活感情である「国風《くにぶり》」が芽生えはじめたのも奈良が都であった時期のことである。

また宗教的な意義も見逃せない。仏教を篤く信仰した聖武《しょうむ》天皇の発願で建立された東大寺など、遺産を構成する建物群は、8世紀前後に中国や朝鮮から伝播して日本に定着し、独自の発展を遂げた仏教建築群であり、この後の仏教建築に大きな影響を与えた。首都が京都へ移った後も、奈良は「南都」と呼ばれ、大社寺を中心にした地域が宗教都市として存続・繁栄した。

先進国を真似て国家づくりをはじめた日本

710（和銅3）年に開かれ、およそ10万人の人々が暮らしていたとされる平城京は、世界的な大帝国だった唐の都長安をモデルにしている。規模としては東西4・3㎞、南北4・7㎞と飛鳥時代の終わりにつくられた藤原京とほぼ同じ大きさの都市だった。朝廷がなぜ唐をモデルとした都市をつくったかというと、**660（斉明天皇6）年に朝鮮半島で同盟関係にあった百済《くだら》が滅ぼされ、663（天智天皇2）年には白村江《はくすきのえ》の戦いで日本（倭《やまと》）軍が唐の軍に敗れたことに起因する。**大陸への足場を失い、唐の強大さに危機感を覚えた朝廷は、豪族の官僚化を促進し、中央集権を目的とした律令制の制定などの政治改革に着手。文武天皇の御代である701（大宝元）年に唐の律令制を参考にした大宝律令を制定し、律令を元にした国家体制が完成した。

また朝廷は、中国の風水思想に基づいた条坊制《じょうぼうせい》という碁盤の目に沿った左右対称の都市づくりにも取り組んでいる。日本で初めてつくられた藤原京をはじめ平城京、長岡京、平安京がつくられるなど唐の影響は都市づくりにも表れていたようだ。

あれこれPoint! 1 律令制とは

「土地と人民は王の支配に服属する」という王土王民《おうどおうみん》思想を具現化しようとする政治体制で、律は刑罰法令、令は律以外の法令（主に行政法）を意味する。土地の個人所有の禁止や個人を対象とした税制などが特徴として挙げられるが、日本では10世紀頃になると個人ではなく土地に課税する仕組みを基盤とする王朝国家体制へ移行した。

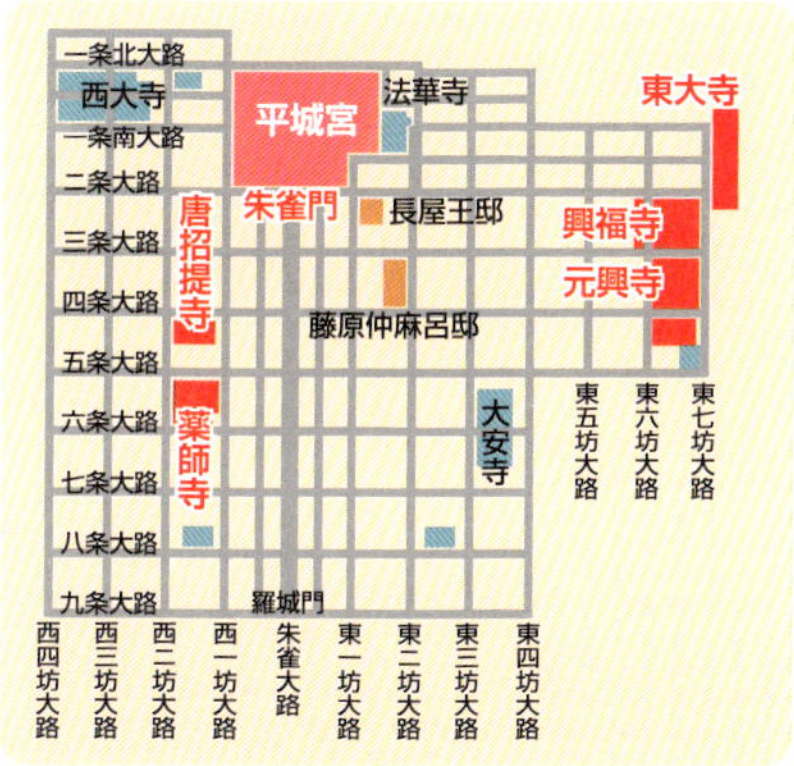

天皇が住まう平城宮は中央北寄りに置かれていた

Photo by : KENPEI
ⓒhttp://commons.wikimedia.org/wiki/File:Heijokyo_Suzakumon_05.JPG

東大寺大仏殿（金堂）の本尊である盧舎那仏。
高さ約14.98m、幅約20m

政治的混乱を抑えるための鎮護国家政策

日本では6世紀に伝来した仏教を政治的に活用していたが、奈良時代に入ると、その傾向はさらに顕著になる。聖武天皇が即位した時期（724－749年）は流行病（天然痘）や災害が多く、政治的混乱を治めるためにも**仏教に根差した国家体制の構築は聖武天皇が篤く仏教に帰依していたことも含めて急務だったと考えられる。**その象徴ともいえるのが東大寺の大仏（盧舎那《るしゃな》仏《ぶつ》）の建立だ。聖武天皇

なるほどCheck!

二度再建された大仏殿

1709（宝永6）年に再建された現在の金堂（大仏殿）

東大寺の大仏殿は正面57m、奥行き約50m、鴟尾《しび》まで約48mと木造建築物としては世界最大級を誇るが、これは江戸時代に再建されたもので、最初の大仏殿は平安末期に焼失、鎌倉時代に再建した大仏殿も戦国時代に戦火で焼失している。大仏は元の大きさで再興されていたが、大仏殿は資金・木材不足もあって縮小された。

は743（天平15）年に大仏建立の詔《みことのり》を発し、752（天平勝宝4）年に開眼法要が行われた。**大仏建立に関わった人々は、「東大寺要録」の資料を元に計算すると約260万人、当時の人口が5～600万人と考えられているので、全国の二人に一人は大仏建立に携わる、まさに国家事業だったといえるだろう。**

あれこれPoint! 2 行基《ぎょうき》と鑑真《がんじん》

行基（668―749年）

鑑真（688―763年）

奈良時代の仏教を語る上で欠かせないのが行基と鑑真だ。行基は西遊記で有名な玄奘三蔵《げんじょうさんぞう》の教えを受けた道昭《どうしょう》の弟子で、当時知識階級しか知らなかった仏教を民衆に広め、墾田開発《こんでんかいはつ》や橋、貯水池の工事を行って支持を集めていた。それを知った聖武天皇は行基を大仏づくりに抜擢、大仏完成前に亡くなったが日本で初めて大僧正の位を与えられた。鑑真は中国の僧侶で、仏教の戒律を伝えるために日本に渡ろうとしたが、政治的事情や海難などで何度も失敗した。6回目でようやく日本に渡り、戒律を伝えることに成功。これによって日本での戒律制度が確立された。

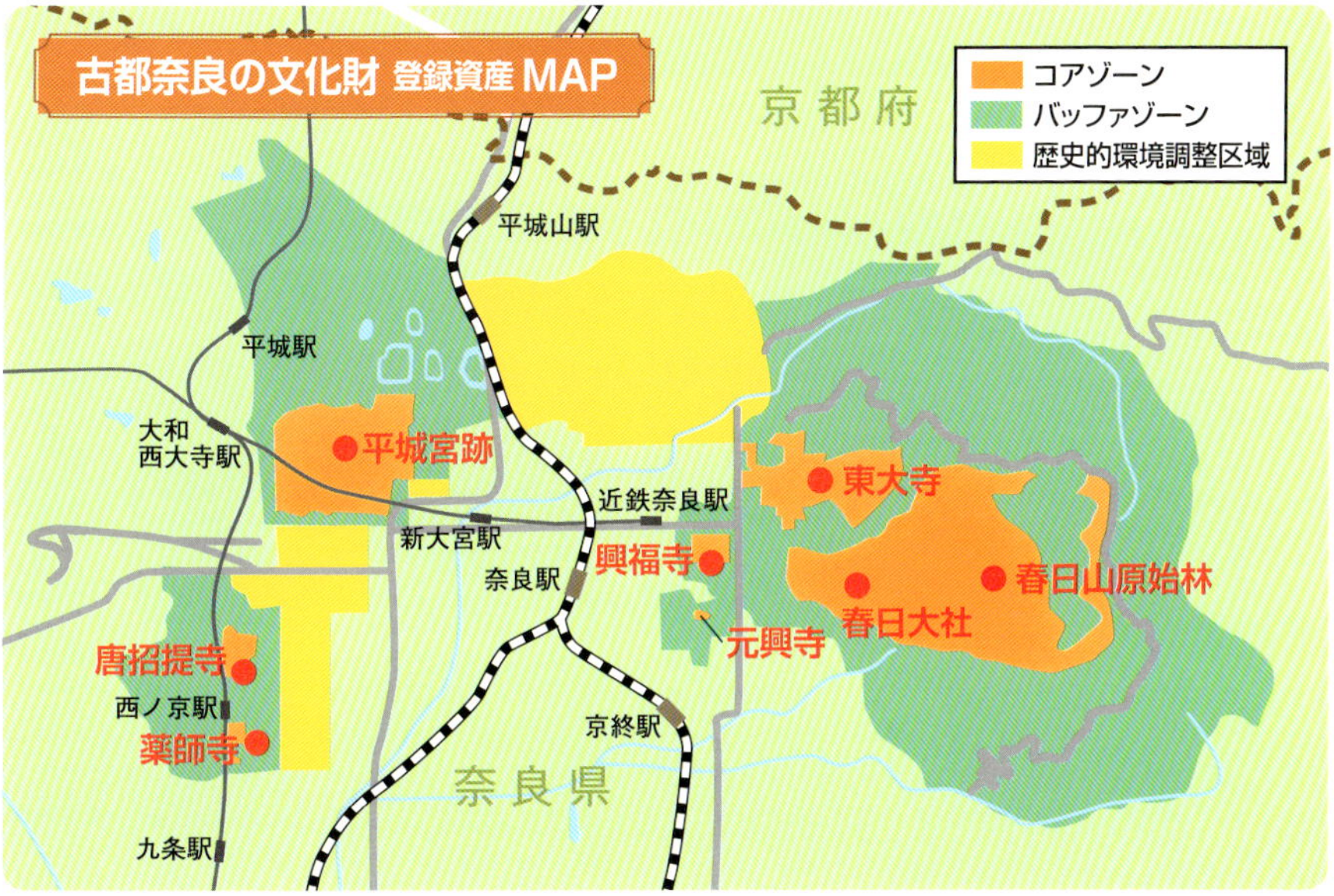

古都奈良の文化財　登録資産

写真提供：奈良市観光協会

元興寺《がんこうじ》（極楽坊）　本堂

蘇我馬子《そがのうまこ》が飛鳥に建立した日本最古の寺院。当初は法興寺《ほうこうじ》と呼ばれたが、平城京遷都に伴い現在の場所に移築、名前も改められた。

薬師寺　東院堂

養老年間（717～724年）に吉備内親王《きびないしんのう》が元明天皇《げんめいてんのう》の冥福を祈り建立。鎌倉後期に再建され、享保18（1733）年に西向きへと改築。

興福寺　（左）東金堂《とうこんどう》、（右）五重塔

669（天智天皇 8）年に藤原鎌足の夫人が山城国山科（京都）に造営した山階寺を起源とする藤原氏の氏寺。

Photo by : ©Tomo.Yun (http://www.yunphoto.net)

唐招提寺　経蔵

鑑真が 759（天平宝字 3）年建立。講堂は平城宮の東朝集殿を移築したもので、平城京宮殿建築の形を唯一残している。

写真提供：奈良市観光協会

春日山原始林　鶯《うぐいす》の滝

春日大社の背後にそびえる春日山と御蓋山《みかさやま》、そしてその麓の広大な神域。841（承和《じょうわ》4）年から狩猟、伐採が禁止され保護されてきた。

春日大社　約 1300m もある参道

710年に藤原不比等が氏神である鹿島神宮の武甕槌命《たけみかづちのみこと》を祀ったのがはじまりで、藤原一族や皇室をはじめ、鎌倉時代には庶民にも信仰された。

広《ひろ》島《しま》平《へい》和《わ》記《き》念《ねん》碑《ひ》（原《げん》爆《ばく》ドーム）

原爆ドームと平和記念公園

写真提供：広島観光コンベンションビューロー

登録内容

遺産種別	文化遺産
登録年	1996年
登録基準	6
登録遺産面積	コアゾーン0.4ha、バッファゾーン42.7ha
登録対象資産	原爆ドーム
行政区分	広島県：広島市

人類史上初の核兵器による惨禍を忘れないために…

ほぼ真上から爆風を受けたために全壊を免れた原爆ドーム

写真提供：広島観光コンベンションビューロー

奇跡的に残った建物が世界平和を訴え続ける

1945（昭和20）年8月6日、人類史上初めて核兵器が使用された。広島市の上空で炸裂した原子爆弾による死者はその年末までに約14万人に達した。爆心地から半径2km以内がほぼ壊滅したにもかかわらず、奇跡的に残ったのが原爆ドームである。

戦後、建物の保存については是非が分かれ、被爆の証、平和のシンボルとする保存派、過去の惨事を思い出したくないとする撤去派がいた。広島市が永久的保存を決定したのは1966（昭和41）年。翌年には国内外からの寄付金によって第1回保存工事を実施した。

「原爆ドームを世界遺産に」という声があがったのは1992（平成4）年。国は世界遺産に推薦しないという見解を示していたところ、市民団体が約165万人もの署名を集め国会に提出し、1996（平成8）年、正式に世界遺産に登録された。

あの日、あの時間、広島に起こったこと。

爆心地に近い中島で、ただひとり生き残った野村さんの証言

1945（昭和20）年8月6日午前8時15分、高度9600mから投下された原子爆弾は、その43秒後、広島の上空約600mで炸裂。閃光とともに巨大な火球が発生し、熱線と爆風、放射線でありとあらゆるものを一瞬にして破壊した。

爆心地から170m、地上3階、地下1階の鉄筋コンクリート造りのビル「燃料会館」には37名の職員がいた。その中の一人、**野村英三さんは、書類を取りに来た地下室で被爆した。**「地下室は十坪あまりの狭いもので、いつも電灯がついている。書類が見当たらないので、あちこち探して階段下の金庫のところへ来た。**その時だった。ドーンというかなり大きな音が聞こえた。とたんにパッと電灯が消え、真っ暗になった。**（中略）階段を上りかけたが、そこは板切れや瓦や砂やごみで埋まり、坂のようになっている。柔らかい俵のようなものが足の下にある。両手でそっとさわってみた。あっ人間だ。もはやこと切れているようだ。とたんにからだがふるえてきた」（『原爆体験記』（広島市原爆体験記刊行会編　朝日新聞社刊）と証言している。

ピースメッセージとうろう流し（毎年8月6日）

野村さんはこの建物が直撃弾を受けたと思い、急いで外へ出て、元安橋から川に沿って相生橋へ移動。街は黒い煙で覆われ、産業奨励館（現・原爆ドーム）が燃え出した様子を目撃している。中島を脱出した野村さんは午後2時半頃、廿日市《はつかいち》（現・廿日市市）にたどり着いた。その後、**発熱、出血斑紋、激しい下痢などの原爆症に苦しむが、幸いにして一命をとりとめ、あの日のできごとを手記にまとめた。**その後、野村さんの手記を含む『原爆体験記』の原稿は、報道管制によって日の目を見ることができず、ようやく出版されたのは、戦後20年たってからのことだった。

（参考資料：広島市原爆体験記刊行会編　朝日新聞社刊）

50を超える記念碑、慰霊碑、建造物からなる平和記念公園とその周辺

広島県地方木材統制(株)慰霊碑
原民喜詩碑(佐藤春夫の詩碑の記)
鈴木三重吉文学碑
原爆ドーム
原爆ドーム前
電停
至広島駅→
←至己斐・江波・宮島
相生橋
動員学徒慰霊塔
旧相生橋碑
広島郵便局
職員殉職の碑
石炭関係原爆
殉難者慰霊碑
中国四国土木出張所職員殉職碑
平和祈念碑
平和の鐘
平和の時計塔
爆心地
(島内科医院)
平和の石塚
原爆供養塔
花時計
原爆犠牲建設
労働者・職人之碑
原爆の子の像
韓国人原爆犠牲者慰霊碑
レストハウス
平和の泉
原爆犠牲
ヒロシマの碑
本川
観光案内所(仮設)
平和の灯
「平和の祈り」句碑
平和乃観音像
平和の池
広島瓦斯(株)
原爆犠牲者追憶之碑
平和祈念像
本川橋
原爆死没者慰霊碑
(広島平和都市記念碑)
国立広島原爆死没者
追悼平和祈念館
祈りの灯
広島平和記念資料館(本館)
旧天神町北組慰霊碑
義勇隊の碑
材木町跡碑
峠三吉詩碑
被爆したアオギリ
広島県農業会
原爆物故者
慰霊碑
広島二中原爆慰霊碑
広島国際会議場
全損保の碑
祈りの泉
広島平和記念資料館
(東館)
広島市商・
造船工業学校
慰霊碑
ノーマン・
カズンズ氏記念碑
嵐の中の母子像
平和大橋
平和の塔
西平和大橋
被爆動員
学徒慰霊
慈母観音像
原爆犠牲
国民学校教師と
子どもの碑
友愛碑
平和の門
平和の像「若葉」
(湯川秀樹歌碑)
旧天神町南組慰霊碑
バーバラ・
レイノルズ氏記念碑
広島市立高女
原爆慰霊碑
元安川
マルセル・
ジュノー博士
記念碑

平和の時計塔

高さ約20mの塔の上に、三方を向いた時計が設置されている。原爆が投下された8時15分、「ノーモアヒロシマ」を訴えるチャイムが毎朝鳴り響く。

原爆死没者慰霊碑（広島平和都市記念碑）

屋根はここに眠る人々の御霊を雨露から守る埴輪の家型で、碑には「安らかに眠って下さい 過ちは繰り返しませぬから」と刻まれている。

※現在は「島内科医院」

爆心地

原子爆弾は爆心地の碑が立つ島病院（当時）の上空で爆発した。現在、建物はビルに建て替えられ「島内科医院」として医院が営まれている。

原爆供養塔

爆心地に近いこの地では、多数の遺体が収容され、火葬が行われた。地下の納骨室には引き取り手のない遺骨約7万柱が眠っている。

原爆の子の像

2歳で被爆し、12歳のとき白血病で亡くなった佐々木禎子さん。同級生たちが全国に呼びかけて、原爆で亡くなったすべての子どもたちを慰め平和を築くために慰霊碑をたてた。

あれこれPoint! 平和記念公園レストハウス

爆心地から170mにあり、たまたま地下室にいた野村英三さんが、奇跡的に命をとりとめた建物。地下室を除いて全焼したが、戦後に補修され、観光案内所として利用されている。

写真提供：広島観光コンベンションビューロー

世界遺産リストに「負の遺産」というカテゴリはない

なるほどCheck!

人類の行為に対する戒めと、恒久的平和を願う世界遺産

アウシュヴィッツ・ビルケナウ ナチスドイツの強制絶滅収容所（ポーランド）

人類にとって二度と起こしてはならない悲劇であり、平和を訴えることを登録理由とした世界遺産は、一般的に「負の遺産」と呼ばれている。しかしユネスコは、それらの物件に対して、公式に「負の遺産」としての分類をしておらず、明確な定義も存在しない。だが現実に、核兵器の使用や奴隷制度、ホロコーストなど、人類史上まれに見る悲惨なできごとに関連する物件は、非公式ながら「負の遺産」として知られている。

1978（昭和 53）年、最初に登録された世界遺産のなかに「ゴレ島」がある。アフリカ、セネガルの首都ダカールの沖合に浮かぶこの島は、かつてアフリカ有数の奴隷貿易の拠点であった。その翌年に登録された「アウシュヴィッツ・ビルケナウ ナチスドイツの強制絶滅収容所」は、現在のポーランド南部オシフィエンチム市郊外につくられたホロコーストの象徴ともいえる施設群である。このほかにも、アパルトヘイトに反対した政治犯を収容していた「ロベン島」（南アフリカ共和国）、アメリカの核実験で漁船や島民が犠牲となった「ビキニ環礁の核実験場」（マーシャル諸島）など、「負の遺産」と呼ばれる物件は、けっして少なくない。

これらの世界遺産のなかには、その時代背景ごとに異なる見解がある。特に人種差別の拠点や第二次世界大戦における戦争遺産になると、当然、加害国、被害国が顕著になってしまう。これらの「負の遺産」は、あくまでも人類が行った悲惨なできごとを、恒久的に記憶にとどめるためにある世界遺産なのだ。

ゴレ島（セネガル）

嚴《いつく》島《しま》神《じん》社《じゃ》

ライトアップされた大鳥居

Photo by:Ryosuke Yagi

登録内容

遺産種別	文化遺産
登録年	1996年
登録基準	1・2・4・6
登録遺産面積	コアゾーン431.2ha、バッファゾーン2,634.3ha
登録対象資産	嚴島神社、弥山《みせん》原始林
行政区分	広島県：廿日市市《はつかいちし》

青い海に浮かぶ大鳥居は、幻想的な光景
写真提供：広島県

古来より篤い信仰を受けた嚴島に築かれた神の社

千年の時を超える水上の神殿〜嚴島神社

広島県西部の瀬戸内海に浮かぶ宮島町にたたずむ、日本屈指の名所。標高５３５ｍ、宮島最高峰の弥山を背景に、海上に立つ朱塗りの社殿が独自の景観をつくりだしている。嚴島神社は「海上に建ち並ぶ建造物群と背後の自然とが一体となった景観は、人類の創造的才能を表す傑作であること」。「建造物の多くは13世紀に火災に見舞われたが、創建時の様式に忠実に再建され、平安時代、鎌倉時代の建築様式を今に伝えていること」などが評価され、１９９６年、文化遺産に登録された。

登録遺産の範囲は広く、本社本殿から拝殿、また大鳥居、五重塔、豊国神社などの建造物群のほか、前面に広がる瀬戸内海、弥山の原始林などが含まれている。登録地域の面積は、構成資産４３２・２ha、それを保護する緩衝地帯は構成資産地域を除く島全域で２６４３・３ha。

神をいきまつる島に立つ優美で華麗な海上社殿

日本三景の一つ、安芸の宮島は、太古の時代から島のそのものが「神」として信仰の対象とされてきた。宮島のシンボルである嚴島神社が創建されたのは推古天皇元年（593年）、当時この島の有力者であった佐伯鞍職により行われたといわれている。

その後、1146（久安2）年に安芸の守の任を命じられた平清盛が嚴島神社を厚く信仰したことから、1168（仁安3）年に寝殿造の様式を取り入れた御社殿を完成させた。本殿と左右の社殿を結ぶ262mの回廊で結ばれた朱塗りの社殿は、潮の満ち引きでその表情をがらりと変え、満潮時にはまるで海に浮かんでいるような、幻想的な光景が広がる。ほかには類を見ないこの独特な建築様式となったのは、島全体が神と捉えられていたため、ご神体である島の木を伐採したり、土を削ることは神を傷つける行為そのものであると考えられていた。

嚴島神社の崇敬は平家が滅亡し源氏の世になっても変わることなく、時代が移り室町時代の足利尊氏や義満、戦国時代の大内家、毛利家などからも崇拝を集めた。1200年代に二度の大火災、その後もいくつもの災害にあい、何度も修復を行っているが、現在まで造営当時のたたずまいを忠実に伝えている。

また、島全体が神社地として保護され、古くから農耕が禁じられてきた。手付かずの自然が残される美しい景観は、17世紀頃から「日本三景」の一つとして称されている。

嚴島神社の大改修を行った平清盛

なるほどCheck!

平清盛（1118−1181年）

平安時代末期の武将で平氏の棟梁。平治の乱（1159年）で最終的な勝利者になり、武士で初めて太政大臣（※）に任ぜられる。「平家にあらずんば人にあらず」といわれる時代を築くが、平氏の独裁政治は公家・寺社・武士などから大きな反発を受け、源氏によって滅ぼされた。

※太政大臣（律令制時代の朝廷<古代〜中世の日本政府>の最高官職）

①朱塗りの大鳥居

高さ16・6m、重量約60トン、木造の鳥居としては日本最大であり、国の重要文化財にも指定。社殿の火焼前より88間（約160m）離れた海中に立ち、干潮時には鳥居まで歩いていくことができる。現在の鳥居は1875（明治8）年に造られたもので、平安時代から数えて8代目になる。老朽化が進み、2019年から大規模な保存工事が行われている。

2本の主柱はクスノキの自然木を使用

②本社本殿

現在の本殿は1571（元亀2）年に毛利元就により改築されたもの。しかし、平清盛が造営した当時の寝殿造りの様式を、ほぼそのまま踏襲している。特に屋根は、斜面が山形になっている切妻造に加え、屋根の前方と後方のかさを伸ばした両流造で建てられている。また、神社建築の特徴である千木、堅魚木を置かず、檜皮葺きという檜の樹皮を重ねて覆った屋根に瓦を積んだ、平安貴族の屋敷である寝殿造りならではの様式になっている。本殿には市杵島姫《いちきしまひめ》、湍津姫《たぎつひめ》、田心姫《たごりひめ》の宗像三女神が祀られている。

手前から祓殿、拝殿、幣殿、本殿と一直線上に並ぶ本社

高舞台で演じられる舞楽「蘭陵王」

舞楽の舞台としては最小といわれている

③平舞台

社殿の正面にある、海側に広く張り出した庭にあたる部分。

④高舞台

平舞台の中央にある、舞楽（「舞」を伴う古楽の総称）を奉納する舞台。1680（延宝8）年に再建された。

⑤回廊

本社本殿を中心に、拝殿、平舞台、能舞台などの建物をつなぐ、長く折れ曲がった廊下

東西にわかれた回廊は、約270mにも及ぶ

⑥五重塔

日本風の和様と中国風の唐様が融合した美しい塔。檜皮葺きの屋根と朱塗りの柱や垂木（※）のコントラストが見事。

※屋根板を支えるため、棟から軒に渡した木材

高さ27.6m、1407（応永14）年に建立されたといわれている五重塔

⑦豊国神社（千畳閣）

豊臣秀吉が戦で亡くなった者への供養としてお経を読むために建立を命じた大経堂。畳857枚分の広さがあることから、別名「千畳閣」と呼ばれている。

秀吉の死後、造営が進まず、今も未完成の豊国神社

宮島にはこのほかにも数多くの神社・仏閣があり、さまざまな時代の歴史を見ることができる。

発展を続ける厳島神社

なるほどCheck!

1555(天文24)年、毛利元就と陶晴《すえはる》賢《たか》の間で合戦し、毛利軍が勝利した“厳島の戦い”が行われた。この戦いにより毛利氏は大きく勢力を拡大する。勝利した毛利元就は、神域である厳島神社を血で汚してしまったことに反省し、社殿を洗い流すとともに、血が染み込んだ土砂をすべて削り取って廃棄するなど徹底したクリーニングと大規模な社殿の修復を行った。これは、厳島のケガレの忌避の風習であると同時に、厳島の戦いの勝利が神によるご加護があったと信じたためといわれている。

後に九州征伐に向かう途中の豊臣秀吉によって千畳閣《せんじょうかく》の建造が命じられたが、完成前に秀吉が亡くなってしまったため、今でも神社は未完成のまま残されている。屋根瓦に金箔押しの意匠があるのも秀吉らしさが出ているだろう。このように、厳島神社には清盛や元就による再興以外にも、いくつかの神社(神)や寺院(仏)が建造され、祀られていた。かつての厳島神社は神仏習合《しんぶつしゅうごう》の形を取っていたのだ。厳島神社の神仏習合は「両部神道《りょうぶしんとう》」といい、密教に神道を組み入れ解釈しようという思想である。

厳島の戦い

月岡芳年
『大日本名将鑑 毛利元就』
ロサンゼルス・カウンティ美術館所蔵

毛利元就と陶晴賢《すえはるかた》の戦い。合戦前から偽情報を流すなどして陶軍を翻弄した毛利軍が、狭い厳島の中に陶軍を封じ込めて勝利した。桶狭間の戦い、河越夜戦《かわごえよいくさ》と合わせて日本三大奇襲の一つともされている。この勝利により、毛利方は中国地方へ進出した。

毛利元就(1497―1571年)

勝利のためには、策略、買収、婚姻、暗殺などあらゆる手段を惜しみなく使った戦国時代屈指の策略家として知られている。小規模な国人領主から中国地方の覇者となった。生涯に経験した合戦数は200を超えるといわれ、同時代の大名よりも多くの戦いを経験しているという。幼い頃に厳島神社に参拝した際には「天下の主を志してこそようやく中国地方が取れようものだ」と志の高さを示した。

海上(左側)から攻める毛利軍と厳島神社(右側)で迎え撃つ陶軍

白川郷《しらかわごう》・五箇山《ごかやま》の合掌造《がっしょうづく》り集落《しゅうらく》

春の合掌造り　かん町

登録内容

遺産種別	文化遺産
登録年	1995年
登録基準	4・5
登録遺産面積	コアゾーン68.0ha、バッファゾーンⅠ種面積4,335.1 ha、バッファゾーンⅡ種面積54,538 ha
登録対象資産	荻町集落、菅沼集落、相倉集落の3集落群
行政区分	岐阜県：白川村荻町／富山県：南砺市相倉、南砺市菅沼

茅葺き屋根の葺き替え

日本人の心の琴線に触れる、「合掌造り」に秘められた文化とは…

自然環境に恵まれた三つの合掌造り集落

　合掌造りは、日本の住宅建築様式の一つである。勾配の急な茅葺きの屋根を特徴とする住宅で、「小屋内を積極的に利用するための叉首《さす》構造の切妻造り屋根とした茅葺きの家屋」とされている。

　叉首とは、頂部で緊結した2本の材を逆V字型茅葺き屋根の葺き替え自然環境に恵まれた三つの合掌造り集落にして横架材を支える形のことをいう。この逆V字型の屋根の形が、両方の掌てのひらを合わせた形に似ていることから、合掌造りと呼ばれるようになった。

　この合掌造りの民家の集落が、岐阜県と富山県にまたがる庄川沿いに点在する。この地域では、屋根裏（小屋内）を積極的に作業場として利用していることが特徴。白川村では養蚕、五箇山では和紙づくりが盛んに行われていた。また白川村の荻町、南砺市の相倉と菅沼の三つの集落は、豊かな自然環境とともに、かつての集落景観を今も保っていることなどから1995年に世界遺産に登録された。

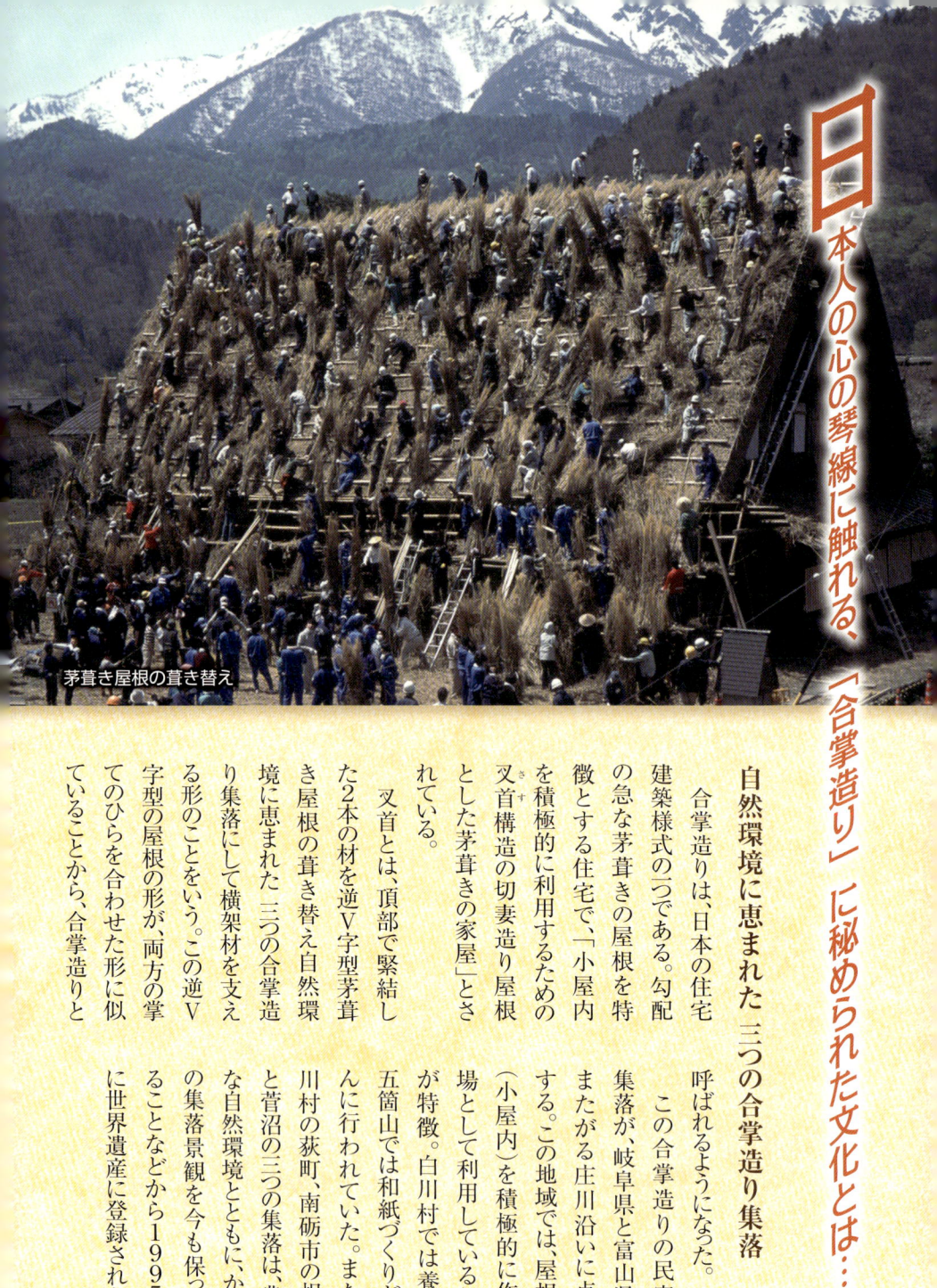

ブルーノ・タウトが見た白川郷の合掌造り

ブルーノ・タウトは１９３５（昭和10）年、京都を出発し北上する旅の中で「白川村」を訪ねている。ここが世界遺産に登録される60年前のことである。集落を見て〝日本のゴシック建築といってもよい〟と賞賛している。ゴシック建築の代表的な建物といえば、パリのノートルダム大聖堂などがあるが、骨太の構造やシンメトリーを基調としているなどの共通点を見つけることに、あまり意味はないとされている。それ以上にゴシック建築となぞることによって、**「合掌造りの普遍性」を見抜いていた**という理解の仕方がある。さらに加えると実際、文化庁が作成した「白川郷・五箇山の合掌造り集落」の世界遺産推薦書の中の一部にも、ブルーノ・タウトの記述が引用されている。

また、著書「日本美の再発見」の中では**『この辺の景色は、もう日本的ではない。〈中略〉これはむしろスイスか、さもなければスイスの幻想だ』**と記し、西洋に匹敵するものとして白川村の景色、合掌造りの構造の素晴らしさを述べている。

ブルーノ・タウト
（1880―1938年）

ドイツ生まれの建築家。ナチス・ドイツから親ソ連派の烙印を押され、1933（昭和８）年にスイスに入り、各国を転々として亡命に近い形で来日。1936年にトルコのイスタンブール芸術アカデミーの招聘を受けるまで日本に滞在し、京都の桂離宮の研究でも有名である。なお、氏がデザインに関わった「ベルリンのモダニズム公共住宅」は2008年に世界遺産に登録されている。

約70年前の面影を残す、秋の荻町合掌集落

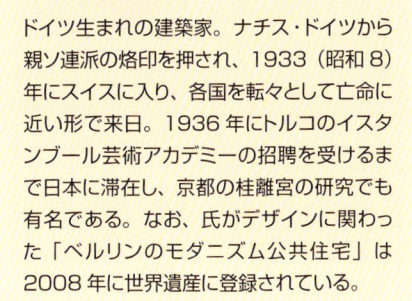

かつての大家族制度を偲ばせる、壮大な重要文化財 旧遠山家住宅

大家族と合掌造りの関係

1888（明治21）年に白川村を研究した論文が発表されており、「大家族」やその生活に触れている。大きな合掌造りの建物には、40人もの「家族」が暮らしていたという。想像を絶するような様子である。しかも夫婦で住むことができるのは家長と長男のみで、次男以下の男性は他家の女性のもとに通う「妻どい」という結婚形態であった。山に囲まれ、米も十分につくることができず、その中で養蚕《ようさん》をするために大家族が成立したといわれている。

また、今では考えられない「家長の権力」によって、大家族でもすこぶる健全で統制のとれた暮らしぶりだったという。

なお、この「大家族」制は、大正時代の中頃まで続いたとされ、白川村の一部で見られ、荻町では見られなかったという。

小屋組に独特な特徴がある合掌造りの構造

合掌造りの家屋の大きな特色の一つは、軸組部と小屋組部が構造的にも空間的にもはっきりと分離されていることである。さらに小屋組の三角形の内部は、基本的に二つに区切られ、下の方が「アマ」、上の方が「ソラアマ」と呼ばれている。

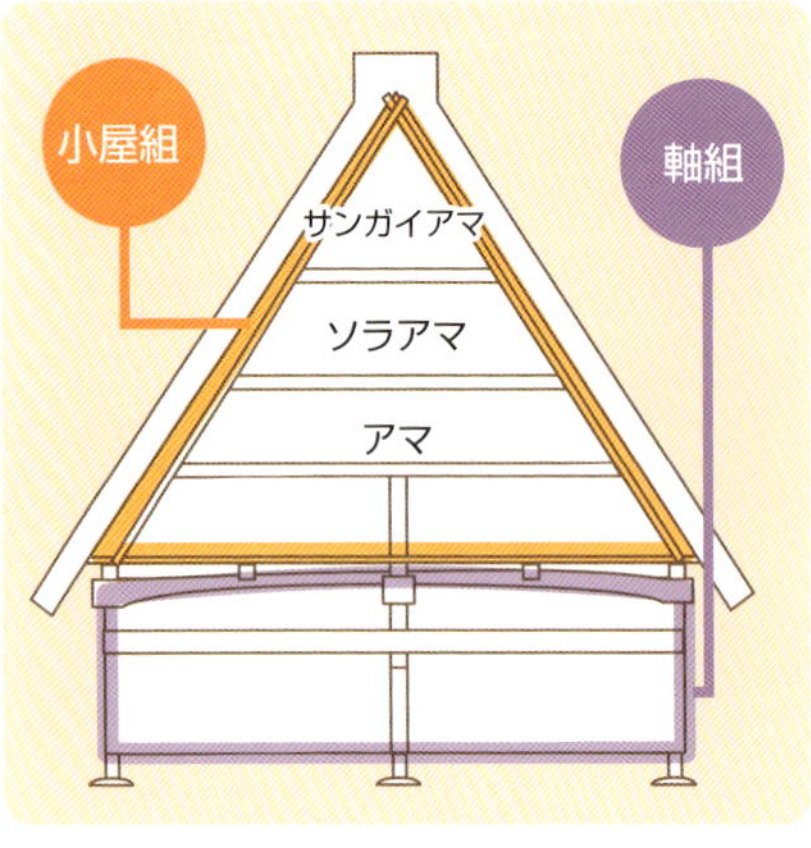

丁寧な組み上げが重要な軸組部は、専門的な技術を持った大工の仕事で建築費用が必要である。これに対し、**小屋組部と屋根は現金の出費を防ぐために「結《ゆい》」のような互助制度をつくり、自分たちで組み上げることを伝統としていた。**

＊「結《ゆい》」／この互助制度はいまも続いており、現在の荻町では住民に加えて各地からのボランティアの手によって屋根葺きを行っている。また、五箇山では森林組合が請け負っている。

あれこれPoint! 切妻造りの屋根の形

切妻造りは、屋根の最長部の棟から地上に向かって二つの傾斜面が、本を伏せたような山形をした屋根で、２面のみで構成されている。

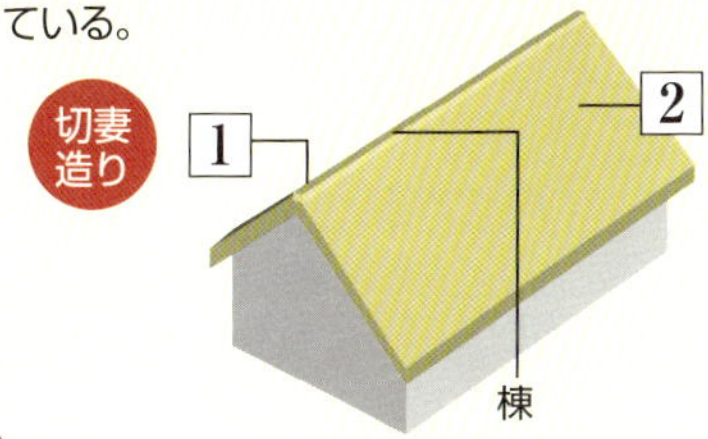

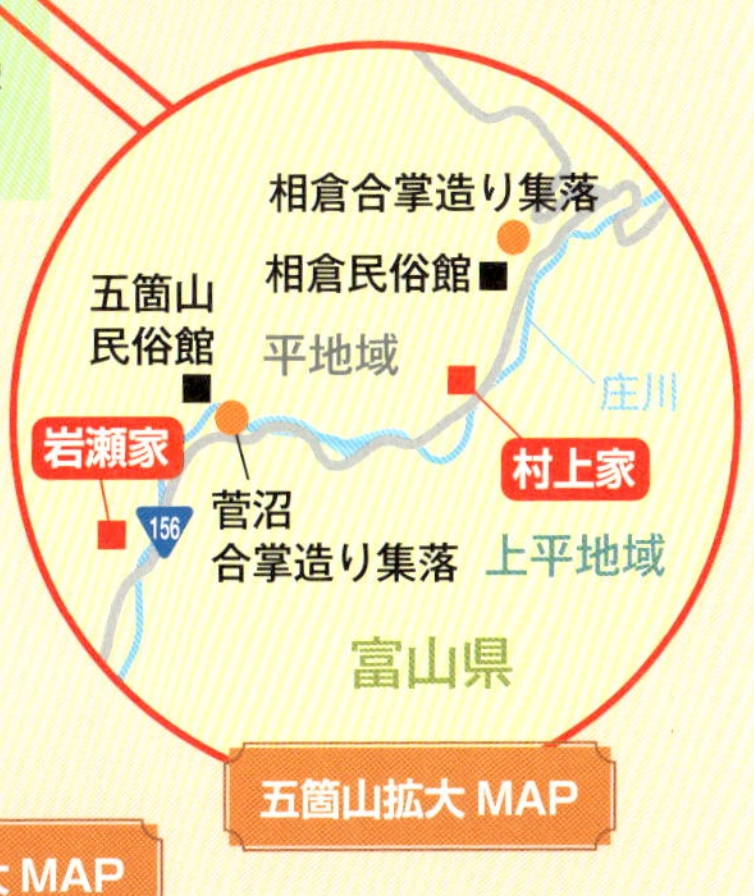

岐阜県と富山県にまたがる世界遺産

遺産の名称は一つであるが、白川郷は岐阜県、五箇山は富山県にある。なお、現状の合掌造りの家屋の数は、●白川郷の荻町集落・59棟（あらゆる合掌造りの建造物を入れると 114 棟）●五箇山の菅沼集落・9 棟●五箇山の相倉集落・20棟ほどとなっている。

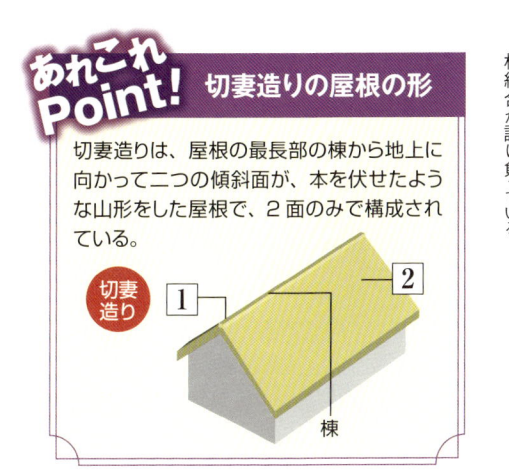

白川郷と五箇山に見る合掌造りと集落の比較

白川郷と五箇山では、合掌造りの家の入口が違う。五箇山地方では、家の入口が妻側（合掌造りの手を合わせた三角形に見える方が正面）にある、「妻入り構造」。白川郷では家の入口が平側（屋根が張り出している広めの間口の側が正面）にあり、「平入り構造」となっている。一般的には大きな家は「平入り」、小さな家は「妻入り」とされている。また、五箇山地方の合掌造りは、茅葺き屋根の端の部分（破風という）が丸み帯びていることも特徴である。

「妻入り構造」の五箇山・「村上家」

「平入り構造」の白川郷・「和田家」

集落の違いでは、荻町ではほとんどの家が屋根の妻を南北に向けている。これは白山から吹き下ろす強風を受け流すためであり、太陽の光をできるだけ取り込む工夫でもある。屋根が受ける日照時間を長くすることにより、茅をよく乾かす働きもあるという。

屋根の「妻」が南北に向いている、白川郷・荻町の合掌集落

古都《こと》京都《きょうと》の文化財《ぶんかざい》

清水寺

登録内容

遺産種別	文化遺産
登録年	1994年
登録基準	2・4
登録遺産面積	コアゾーン1,056ha、バッファゾーン3,579ha、歴史的環境調整区域面積 23,200ha
登録対象資産	賀茂別雷《かもわけいかづち》神社（上賀茂神社）、賀茂御祖《かもみおや》神社（下鴨神社）、教王護国寺（東寺）、清水寺、延暦寺、醍醐寺、仁和寺、平等院、宇治上神社、高山寺、西芳寺（苔寺）、天龍寺、鹿苑寺（金閣寺）、慈照寺（銀閣寺）、龍安寺、本願寺（西本願寺）、二条城
行政区分	京都府：京都市、宇治市／滋賀県：大津市

平等院鳳凰堂

千年の都には世界遺産を超える奥深さがある

いくつもの時代を越えて輝く、17の物件

京都には約3000の社寺、2000件を超える文化財があるという。794（延暦13）年、桓武天皇によって都として定められた「平安京」まで時代を遡ること自体が歴史的価値を物語っている。ここには平安、鎌倉、室町、桃山、江戸と各時代にわたる建造物や庭園が数多く点在し、1869（明治2）年に首都機能を京都から東京に移すまで、千年以上、日本の都であった。世界遺産に登録される前からいわば「日本の宝」のような地域になっている。

この京都で17の物件が世界遺産に登録されている。「なぜ、この17件なのか？」という問いの答えの一つが、「遺産そのものの保護状況に優れているものを代表している」というのがある。登録資産になることで、注目度を高めた社寺もあるだろうが、京都＝日本文化の姿・歴史的価値という観点で改めて世界遺産を見つめ直すのも一考であろう。

ドナルド・キーンと京都

日本人より日本に精通しているとよくいわれる、ドナルド・キーン。氏が日本・京都に訪れたのは31歳、1953（昭和28）年である。1948（昭和23）年から5年間、イギリスのケンブリッジ大学で教鞭をとっていた時である。アメリカの財団から出た奨学金で、京都大学大学院に2年間留学する。

ドナルド・キーンは「果てしなく美しい日本と私」という講演の中で、日本に来るにあたり〝目的地は京都でした。ほかのところには興味はありませんでした〟と明言している。さらに、氏は羽田に着くやいなや東京駅に向かい、京都行きの夜行列車に乗っている。京都で氏を迎えた友人の「なぜ東京に1泊してこなかったのか？」という質問に〝早く京都に着きたかった〟と当然のように語っている。

日本の文化の中心であったのは京都であるという、至極当然のことになぜ日本人が疑問をはさむのか不思議でならないという面持ちである。

Photo by:Aurelio Asiain

ドナルド・キーン
（1922年－2019年）

アメリカニューヨーク市出身。日本文学と日本文化研究の第一人者であり、数多くの著書がある。1949（昭和24）年、コロンビア大学大学院東洋研究科博士課程を修了。1986（昭和61）年に母校コロンビア大学に自らの名を冠した「ドナルド・キーン日本文化センター」を設立。2012年には日本国籍を取得し、永住を表明している。

冬の下鴨神社
ドナルド・キーンは「京の四季の中では冬が一番いいと思う」と著書「日本との出会い」＜1972年発行・中央公論社＞で記している

金閣寺の神秘美とは？ドナルド・キーンと三島由紀夫

世界遺産の登録物件である、「金閣寺」（正式名は「鹿苑寺《ろくおんじ》」）。ドナルド・キーンは1950（昭和25）年、ケンブリッジ大学で〝気の狂った僧侶が金閣寺に火をつけて焼いた〟という新聞記事を読み、悲しんだという。京都での滞在を終える1955（昭和30）年、氏は金閣寺を訪れるが再建中で見ることはできなかった。翌年、日本に来るチャンスに恵まれ、羽田に到着したときに迎えに来てくれたのが二年前から交流のあった三島由紀夫だった。このとき、三島由紀夫はちょうど「金閣寺」を『新潮』に連載していた。

この年、ドナルド・キーンは出来たばかりの金閣寺を訪れている。「正直に言って、余り感心できなかった。太陽を浴びて光っている金箔の建物は安っぽく見え、私が想像した室町時代のそれとは全然違うような印象を与えた。」と記している。小説「金閣寺」の主人公のような感慨を持てなかった氏に「二十年経たなければ無理ですね」と同行していた京都の中年婦人が感想をもらした。

氏はそれから18年後にも金閣寺を訪れている。「金箔の欄干や下見坂等が大部色褪せ、数々の大小の島々が散らばっている池水に美しい影を映しており、＜中略＞なるほど、こんな美しい建築物の近くに住むんだったら、普通の世界の人間と違うはずだろうと思った…。」と書いている。

現在の金閣寺

金閣寺は第一層が「寝殿造り」、第二層が「書院造り」、第三層が禅宗風の「仏殿造り」と各層に異なる建築様式を用いている。それぞれの層が公家文化、武家文化、仏教文化を表し、これらを調和させている意味でも特異な建築美である。創建年は1397（応永４）年。なお世界遺産としては庭園として登録されている

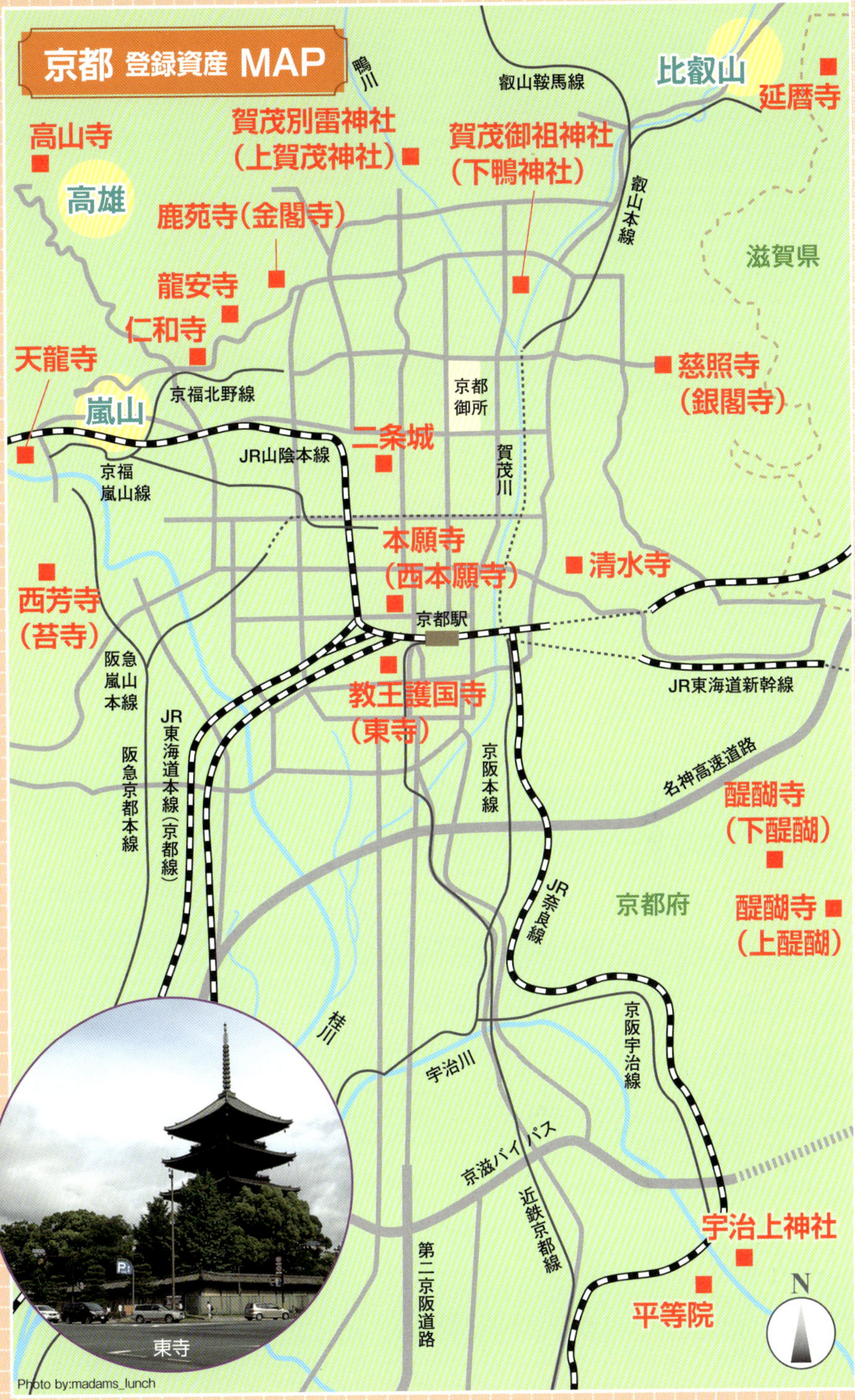
京都 登録資産 MAP
鴨川
叡山鞍馬線
比叡山
延暦寺
高山寺
賀茂別雷神社
（上賀茂神社）
賀茂御祖神社
（下鴨神社）
高雄
鹿苑寺（金閣寺）
叡山本線
滋賀県
龍安寺
仁和寺
天龍寺
慈照寺
（銀閣寺）
京福北野線
京都御所
嵐山
二条城
JR山陰本線
京福嵐山線
賀茂川
本願寺
（西本願寺）
清水寺
西芳寺
（苔寺）
京都駅
阪急嵐山本線
教王護国寺
（東寺）
JR東海道新幹線
JR東海道本線（京都線）
阪急京都本線
京阪本線
名神高速道路
醍醐寺
（下醍醐）
JR奈良線
京都府
醍醐寺
（上醍醐）
桂川
京阪宇治線
宇治川
京滋バイパス
近鉄京都線
第二京阪道路
宇治上神社
平等院
N
東寺
Photo by:madams_lunch

は、ドナルド・キーンが見た再建後の金閣寺であるが、１９８６（昭和61）年2月から1年8カ月をかけて、漆の塗り替えや金箔の貼り替えなど「昭和大修復」を行う。この時もピカピカの金閣寺は評判が良くなかったというが、35年が経ち令和となり、金閣寺の美はその魅力を増しているとも言える。

一つの寺が見る時期やどんな歴史を隠しているかを知るだけで、見方は変わってくる。「金閣寺」の小説のように放火したくなるほどの「美」を感じるかは、個人それぞれの想いによるものではないだろうか。

＜参考文献　ドナルド・キーン「日本を理解するまで」発行１９７９年・新潮社＞

三島由紀夫の小説「金閣寺」

1956（昭和 31）年に発行。僧侶による金閣寺の放火事件の事実とは離れた、金閣寺の美と生き方という芸術作品に仕上げている。「金閣寺の象徴する永続的な伝統美をひときわ魅力的なものとすれば、同時にやり切れぬ反発をもかき立てずにおかない。」という解説もあり、また美とは虚無であり、虚無が金閣の美の構造であるという評価もある。

平等院の阿弥陀如来坐像

平等院　阿弥陀如来坐像

金閣寺が京都駅の北にあるのに対し、京都の南にあたる宇治市にあるのが、「平等院」である。１０５２（永承7）年に藤原頼通《ふじわらのよりみち》によって、仏寺に改められた。

この頃、貴族や僧侶らの間に末法思想が広がり、これに対し極楽浄土を願う〝浄土信仰〟が庶民を含めた多くの人たちの心をとらえた。１０５３（天喜元）年に平等院の阿弥陀堂（鳳凰堂）が落慶《らっけい》し、堂内には仏師定朝《じょうちょう》による阿弥陀如来坐像が安置される。当時、「極楽が信じられないなら宇治の御

堂を敬《うやま》え」と謡《うた》われたという。今も、52体の雲中供養菩薩像を背景に、阿弥陀如来を拝顔すれば、極楽浄土の有様を垣間見ることができる。

庶民は阿字池《あじいけ》の対岸からでしか、拝められなかったという本尊

浄土空間をあらわした庭園の中心にある阿字池《あじいけ》。池は鳳凰堂を囲むように広がっている。昔、鳳凰堂に入って本尊を拝むことができるのは身分の高い人だけで、庶民などは**阿字池の対岸から丸窓を通して本尊を拝したという。**実際、阿字池の対岸に立つと、開いている窓から阿弥陀如来の顔だけが遠くに小さく見ることができる。この話は、阿弥陀如来坐像を目の前で拝むことができる、現在の「ありがたさ」を感じさせてくれる。

丸窓の向こうに見える、阿弥陀如来の顔

*

京都の世界遺産の一つ一つには、さまざまな歴史の重みが詰まっている。その遺産をつくった人、関わってきた人、見つめてきた人…。その間に**繰り広げられたドラマを知ることで遺産の歴史的価値**は大きく変わるであろう。

なるほどCheck! 本堂の秘仏

清水寺といえば、「清水の舞台」から眺める京都市街の眺望というパターンが多いが、この本堂には「清水型十一面千手観音像」という御本尊がある。40本の腕に25の観音力が宿っているという、奥ゆかしく慈悲深い観音様である。
但し、御開帳は33年に一度。2000年にその御開帳があり、2008～9年に特別開帳があった。この立仏を見れば清水寺のイメージが大きく変わるであろう。

古都京都の文化財　登録資産（一部）

賀茂別雷神社《かもわけいかづち》（上賀茂神社）

重層入母屋造りの「楼門」

山城国の豪族、賀茂氏が賀茂別雷命《かもわけいかづちのみこと》を祀り、678（天武 7）に創建。現在の本社と権殿は1863（文久 3）年に建立されている。

延暦寺

根本中堂、回廊

天台宗の総本山として隆盛を極めた、比叡山の延暦寺。ここは、788（延暦 7）年、伝教大師・最澄によって創建された。

高山寺

紅葉の名所にもなっている

伝承では光仁天皇の勅願により774（宝亀 5）年に建立。明恵上人がこの地を与えられ、高山寺としたのは 1206（建永元）年。

西芳寺

苔寺《こけでら》として知られている

行基が創建したといわれている西芳寺。その後、1339（暦応 2）年、夢窓疎石《むそうそせき》によって禅の道場として再興されている。

天龍寺

大方丈（本堂）と曹源池

日本最古の池泉回遊式庭園がある、天龍寺。後醍醐天皇の冥福祈願のため、足利尊氏《たかうじ》、直義《ただよし》が創建。

二条城

二の丸御殿の車寄せ

徳川家康が 1603（慶長 8）年に上洛の際の宿所などとして建立。現在の規模になったのは、三代将軍家光の時代。

白神山地《しらかみさんち》

白神山地

登録内容

遺産種別	自然遺産
登録年	1993年
登録基準	9
登録遺産面積	コアゾーン10,139ha、バッファゾーン6,832ha
登録対象資産	白神山地
行政区分	青森県：鰺ヶ沢町《あじがさわまち》、深浦町《ふかうらまち》、西目屋村《にしめやむら》 秋田県：藤里町《ふじさとまち》、八峰町《はっぽうちょう》、能代市《のしろし》

東アジアに残された最後の原生温帯林に自生するブナ林

白神山地はアジアに唯一残されたブナ林

人為的影響を受けていないブナの純林

本州の北部、青森と秋田の県境に広がる白神山地は、古来より神の常住する霊山と崇められ、クマやウサギなどの狩猟と山菜や川魚を採取することで糧を得るマタギの仕事場だった。ブナが生い茂る白神山地一帯は、絶滅が危惧されている天然記念物のイヌワシやクマゲラの繁殖地であり、山頂付近には高山植物の新種、ナデシコ科のアオモリマンテマが見られる。その一方では対馬暖流の影響を受け南方系の植物が育成、亜熱帯および暖温帯に自生するタブノキの北限地でもある。

さらにかつて海底にあったこの地は、２４００～５１０万年前に形成された堆積岩でできている。その後、約８００万年前に始まった海底の隆起によって、急速に形成されたのが白神山地である。進行しつつある重要な地質学的プロセスと、８０００～1万2000年の間生き残り、生物学上の進化を示すこの地特有のブナ林が見られるとして、1993年、屋久島とともに日本初の世界自然遺産に登録された。

登録されたのは広大な白神山地の一部分

白神山地とは、青森県南西部から秋田県との県境をまたいだ約13万haにもおよぶ山岳地帯の総称。世界自然遺産として登録されたのは、青森県の摩須賀岳《ますがたけ》を中心に標高1000mを超える青鹿岳、天狗岳、向白神岳、白神岳、県境の二ツ森、さらに秋田県の次郎左衛門岳、焼山、大臼岳を結ぶコアゾーン1万139haとその周辺6832haのバッファゾーンである。

世界自然遺産登録以降この地域では、**環境保護のため厳しい入山規制がなされている。**青森県側は27の指定ルート以外は入山禁止、秋田県側は全面入山禁止になっている。また、**登録されたのは広大な白神山地の一部である。**

なお、津軽富士と呼ばれる岩木山からは、白神山地全体を見ることができる。

奥津軽から白神山地を望む　写真提供：青森県観光情報アプティネット

ブナの木の特徴

ブナはブナ科ブナ属の木で、温帯性の落葉広葉樹林の典型的なものである。北海道南部の平地から、九州地方の山地まで幅広く分布している。ブナの寿命は250年位といわれているが、なかには400年を越えるものもある。1本の木に数万以上の種子をつけるが、動物に食べられるなどして発芽するのはごくわずかに加え、成木に育つのはほんの少しといわれている。

ブナの原生温帯林に彩りを添える高山植物

地球上にブナ林が生育したのは、新生代新第三紀の頃。ブナ林をはじめとする温帯林は、北半球の極地近くまで分布していた。ところが新生代第四紀に入ると地球は徐々に寒冷化。温帯林の植生は南下を続け、北方にあったブナ林は、ヨーロッパやアメリカ東部、そして日本と分岐する。大陸氷河の発達によりブナ林は少しずつ減少したが、**氷河に覆われなかった日本のブナ林は、純林のまま残された。**

白神山地では、世界的にも貴重なブナ林をはじめ、山頂部や断崖などの異なる地形に**さまざまな高山植物や対馬暖流の影響を受けた南方系植物など500種以上が生育している。**

シラカミクワガタ

オオバコ科の多年草。岩礫地や草原に自生しており、青紫色の花をつける。果実に「がく(花の部位)」がついている様子が、昆虫のクワガタに似ていることからこの名が付いた。

あれこれPoint! 1

トキソウ
(環境省レッドリストにおける準絶滅危惧種)

ラン科トキソウ属の多年草。名の由来は朱鷺《トキ》の羽色のような花をつけることから。地下茎から地上に茎をのばし紅紫色の花をつける。北海道から本州にかけて、日当りのよい原野や湿地に自生する。

トガクシショウマ

メギ科の多年草。日本固有の植物で、長野県から青森県にかけての日本海側に隔離分布する。非常に珍しい植物で、個体数も極めて少ない。

シラネアオイ

日本固有の1属1種の植物で、北海道から本州中北部の日本海側の高山に分布。山芙蓉《やまふよう》、春芙蓉《はるふよう》とも呼ばれる可憐な植物。

ツガルフジ

日本海側特有のマメ科の多年草。山間の平地や河川の斜面、河原でも見られる。花は赤紫色で、8～9月頃に開花する。

山奥でひっそりと暮らす白神山地の野生動物

日本の国土における森林の割合は3分の2。そこには多くの野生動物が生息している。人間がその森林に分け入れば、野生動物を目にする機会が増す。それは世界遺産に登録された白神山地も同じこと。**自然保護を目的に野生動物を観察すること自体が、自然を破壊することになるのだ。**

白神山地に生息する野生動物に、際立った特徴があるわけではない。百数十年前には、日本国中で生息していた動物たちである。人間が資源活用を目的に樹木を伐採し、国土開発という名の下に山を切り崩していったがために、野生動物たちは、人の手の届かない山奥で暮らしているにすぎないのだ。

Photo by :Kabacchi

ツキノワグマ

通常は体重80～150kgほどだが白神山地のツキノワグマは200kgを超えるものが多い。寒冷地にあってエサが豊富であることが理由のようだ。

あれこれPoint! 2

クマゲラ
（環境省レッドリストにおける絶滅危惧種）

日本最大のキツツキで体長は約45cm。北海道、東北地方北部に生息する国の天然記念物。おもにブナの古木に穴をあけて巣を作る。北海道をはじめ白神山地でも、その生息数は年々減少している。

写真提供：白神山地ビジターセンター

ニホンザル

世界のサルの分布域の中で、青森県が最も高緯度にあたる。エサが豊富な白神山地では、近年その数が急激に増えている野生動物だ。

写真提供：白神山地ビジターセンター

シノリガモ

春から初夏にかけて渓流近くに巣をつくり卵を産む。繁殖期のオスは色鮮やかな体色に変身するが、その時期以外はメスと見分けがつかない。

写真提供：佐藤良美

クマタカ
（環境省レッドリストによる絶滅危惧種）

全長オス約75cm、メス約80cmで日本に分布するタカ科のなかでも大型の猛禽類。エサは鳥類、哺乳類、は虫類など。

世界遺産登録のカギとなった青秋林道《せいしゅう》

なるほどCheck!

登録の発端は1978（昭和53）年に持ち上がった青秋林道の建設計画である。青森県西目屋村と秋田県八森町（現・八峰町）を結ぶ全長29.6km、幅4m、非舗装の林道は、観光開発や地域の交流、振興を名目としながらも、地元業者を潤すための公共事業にほかならなかった。
これに対し青森、秋田のマタギをはじめとする地元住民や自然保護団体が集結し、各地で反対運動を繰り広げた。しかし、いったん動きだした公共事業に、ノーを突きつけることは容易ではない。保安林指定解除申請の受理をきっかけに、赤石川源流の住民が立ち上がり1万3,000余通にものぼる異議意見書を青森県に提出。このニュースが全国に流れると抗議が殺到。1990（平成2）年3月、ついに青秋林道の工事断念が表明されたのである。

新緑の季節を迎えたブナの巨木

白神山地世界自然遺産登録までの道のりとその後

1978年	青森県、秋田県の関係町村による「青秋県境奥地開発林道開設促進期成同盟会」発足
1979年	青森、秋田両県で林道計画が開始
1982年	両県の自然保護団体等から計画見直しの要望。両県とも林道建設工事着工
1983年	「青秋林道に反対する連絡協議会（青森県）」と自然保護団体や山岳会などによる「白神山地のブナ原生林を守る会（秋田県）」が発足。赤石川流域のブナ林で天然記念物のクマゲラの生息を確認
1985年	藤里町の反対で秋田工区の林道ルートを変更（秋田県藤里町粕毛川源頭付近を避け、青森県鰺ヶ沢町赤石川源流域付近に）
1986年	秋田工区の工事が、青森県境に達する
1987年	青森県が秋田工区越境工事に伴う赤石川源流の保安林指定解除申請を受理。これに対し地元住民が「赤石川を守る会」を結成。13,000余通の異議意見書を集約し公聴会を開催する。
1988年	林野庁が新しい制度として「森林生態系保護地域」の設置を決定、白神山地が候補になる。両県が「青秋林道強行着工せず」で合意
1990年	林野庁が「白神山地森林生態系保護地域設定案」を承認
1992年	青秋林道の工事再開を断念。事実上、計画は中止となる。環境庁が白神山地を「自然環境保全地域」に指定。日本政府が白神山地を世界自然遺産に推薦
1993年	第17回世界遺産委員会にて白神山地が世界自然遺産に登録

白神山地で生まれたマタギの生業と文化

古くから白神山地を生業の地とし、この地域で生活の糧を得て暮らしてきた人々がいる。マタギである。彼らは**山岳地帯の獣道を分け入って、集団でクマやカモシカなどの狩猟を行ってきた。**猟をするのは主に冬。夏場は山間の土地を耕し農作物を育て、春はフキやミズ（ウワバミソウ）など山菜や川魚、秋はキノコやヤマブドウなどを採取して現金収入を得ていた。マタギは、山岳地帯に住む人々が豪雪に負けじと知恵をしぼって生まれた仕事であり文化なのだ。

マタギにとって冬は狩猟の季節だった

マタギがクマを射止めたときの儀式

山に入るとき、帰るとき、マタギにとって神様にお祈りをすることは習わしだ。クマを射止めたときも、**古くから伝わる儀式を行い、神様へ祈りを捧げる。**伝統的な方法でクマを横たえて、正しい順序で解体するという。心臓、肝臓、首の肉を串に刺し、タタキバ、マタギ、山、それぞれの神様にお供えをする。それを山小屋まで大事に持ち帰り焼くのだが、肉が焼けるまで串をけっして手から離さない。もちろん食べるときも、串を地面に置くことはせず、食べ終わったら串を折ってたき火で焼く。**すべてを灰にして「無」とすることが山への礼儀**なのだろう。

保水力に優れたブナの特徴とは？

ブナを漢字で表すと「橅」。木へんに無と書いて、値打ちの無い木という意味だ。それは、**乾燥技術が発達していなかった昔、建築や家具の原料としては役立たない木**だったからだ。樹齢200年といわれるブナは、木目が細かく重硬だが、反面、非常に腐りやすく、加工後に曲がってしまうという欠点があった。

白神山地では藩政時代、白神山地全体に鉱山があった。ブナはその製錬用として、あるいは民生用の燃料として伐採されていた。しかし、**大きな幹のブナだけを伐採したために、ブナ林は100年以上をかけて再生。**燃料としての価値を失いスギに植え替えられたブナ林もあったが、白神山地の奥地までは至らなかった。

ブナ林は保水力に優れている。冬から春にかけて貯えた水をゆっくりと大地に浸透させ、山野の植物や渓流へ少しずつ注いでいく。水は乾燥しがちな日本海側の夏を潤し、秋になってブナの落葉が地面を覆いつくすと次の冬の足音が迫り来る。白神山地では、悠久なる自然の営みがこれからも続いていくことだろう。

雪解けが進むとブナの木の根元に現れる根回り穴

あれこれPoint! 3 山岳ガイドとなったマタギ

白神山地はこれまで手つかずの原生林だったわけではない。鉱山だった時代を含め、ブナ林が燃料用に伐採されたこともある。しかし白神山地を神の住む山と呼び、尊び続けてきたのはマタギである。彼らは古くから山と共存しながら生きてきた。山菜やキノコを採取しても、来年また育つようにと根の部分は残して帰る。狩猟も必要とする数だけにとどめ、生態系に影響を与えないように行ってきた。しかし、白神山地が世界自然遺産に登録されてから、マタギの生活は一変した。川はすべて禁漁となり、山菜の群生地は定められたルートからはほど遠い。多くのマタギたちは今、白神山地の山岳ガイドとなって、これまで恵みをもたらしてくれた神聖な山々を静かに見守り続けている。

姫《ひめ》路《じ》城《じょう》

姫路城と桜

登録内容

遺産種別	文化遺産
登録年	1993年
登録基準	1・4
登録遺産面積	コアゾーン107.0ha、バッファゾーン143.0ha
登録対象資産	姫路城
行政区分	兵庫県：姫路市

戦略的要衝として存在し続けた姫路の城

姫路城　大天守

優美性と堅実性を兼ね備えた白鷺《はくろ》城の役割とは

日本の城の天守の内、江戸時代またはそれ以前に建設され、現代まで保存されている12の天守の中で、唯一世界遺産に登録されている姫路城。「白鷺城」の異名を持つ姫路城は、日本の建築文化・芸術文化を代表する存在として、法隆寺と共に日本の国宝指定第一号、日本での世界文化遺産登録第一号となっている。城の持つ構成美には、①個々の建築・屋根・壁の配置、②個々の建築が重なり、横に連なった集合体としての構成、③個々の建築はもとより全体の建築群が純白であること、などの要素が上げられる。また、日本一の出世を果たした豊臣秀吉との縁や、徳川家康縁《ゆかり》の人物が治めた歴史的背景も興味深い。

しかし、その優美性の裏には、戦乱をくぐり抜けた城としての確固たる堅牢さを秘めている。門や櫓の配置による外敵を迷わせる設計や、有利に攻撃するための仕掛けが随所に見られるのは、近畿と中国を結ぶ姫路の重要性を如実に示しており、芸術性はもちろん、軍事的にも貴重な価値を有している。

秀吉の活動拠点として機能した姫路城

姫路城が最初に築かれたのは、鎌倉時代末期の1333（元弘3）年のことである。播磨の豪族である赤松則村は、後醍醐天皇が鎌倉幕府打倒を掲げて挙兵した元弘の乱において、後醍醐天皇側に付いた。この時、**則村は自身の本拠地である白旗城から東上の途中にある姫山に砦を設けて、幕府方からの攻撃に備えたのが姫路城のはじまりといわれている。**本格的に城が築かれたのは1346（貞和2）年のことで、則村は次男の貞範《さだのり》が築いた後、一族である小寺氏に城代を任せたという。

姫路城が戦略的に重要性を帯びてくるのは、戦国時代に入ってからのことである。この当時、既に赤松氏は衰退し、小寺氏が独立大名として西播磨を治めていた。しかし東から織田、西から毛利の勢力が伸びてくると、当時の当主・小寺則職《のりもと》は、家老であり姫路城の城代を務めていた黒田孝高《よしたか》（官兵衛・如水《じょすい》）

あれこれPoint! 1 元弘の乱

1331（元弘元）年から1333（元弘3）年にかけて、後醍醐天皇の命を発端に、後に室町幕府を開く足利尊氏や新田義貞、楠木正成が各地で起こした一連の倒幕運動の総称のことである。赤松則村は倒幕側に加わって活躍したが、建武の新政での待遇が良くなかったため、尊氏の挙兵に参加。室町幕府成立後、赤松氏は播磨と摂津の守護職に任じられた。

豊臣秀吉
（1537－1598年）

黒田孝高
（1546－1604年）

の助言に従い一旦は織田方に付いたものの、後に毛利方に寝返ってしまう。播磨国内の毛利勢が、羽柴（後の豊臣）秀吉を中心とした織田勢に駆逐されると、則職は毛利方に逃亡。逆に親織田派だった孝高は秀吉の配下となり、

江戸時代の浮世絵師・歌川貞秀が秀吉の築城の様子を描いた真柴久吉公播州姫路城郭築之図（兵庫県立歴史博物館蔵）

1580（天正8）年には「本拠地として姫路城に居城すること」を進言し、姫路城を献上したという。姫路城に入った秀吉は、**姫山を中心とした近世城郭に改めるとともに、当時流行しつつあった石垣で城郭を囲い、さらに三層の天守を建築。同時に城下町を形成し、姫路の地を播磨国の中心地となるよう整備した。**以降、姫路城は、織田信長から中国戦線を任された秀吉の拠点として発展する。1582（天正10）年、本能寺の変を起こした明智光秀を山崎の合戦で討ち取り、その後天下人となった秀吉が1583（天正11）年に本拠地を大坂城に移した後も、豊臣秀長、木下家定と親族に任せたことからも西への守りに対する重要性は変わらなかったことが伺える。

あれこれPoint! 2 姥《うば》が石の秘密

乾小天守北川の石垣には石臼が埋め込まれている。これは羽柴秀吉が城を改修した当時、城の石垣の石がなかなか集まらず、苦労しているという話が広まっていた。城下で焼き餅を売る一人の老婆がそれを聞き、「せめてこれでもお役に立てば」と古くなった石臼《うす》を献上した。これを知った秀吉は大変喜び、石臼を石垣に利用したという話が広まると、播磨国中から秀吉に石を献上する人が増え、工事が順調に進み立派な城が築かれたという。この伝承から乾小天守にある石臼を「姥が石」と呼ぶようになったのである。

姫路城には他にも古墳の石棺などが使われている

徳川幕府重臣による姫路城の完成

関ヶ原の戦いの後、この地を治めたのは徳川家康の娘・督姫の婿である池田輝政であった。輝政は1601（慶長5）年から8年間掛けて姫路城を大改修し、広大な城郭を築いた。これは、関ヶ原の戦いで敗れて臣従したとはいえ、油断ならない毛利氏や島津氏など西国の有力外様大名に対する備えと、大阪に残る豊臣秀吉の息子秀頼と淀君を中心とする大阪方に対する監視を養父である家康から任せられたと考えてもいいだろう。

西の丸内につくられた化粧櫓。別名化粧の間とも呼ばれるこの建物は、千姫が休息所として使ったことに由来する

姫路城の改修は、池田氏が鳥取藩に移封した後に姫路藩に入った本多忠正の時代にも行われている。これは忠正の長男である忠時に、家康の孫娘である千姫が嫁いだためで、千姫の化粧料として与えられた10万石を使って西の丸や三の丸を造営したのは1618（元和4）年のことである。この改修をもって現在まで伝えられる姫路城はほぼ完成したといわれている。

姫路城MAP

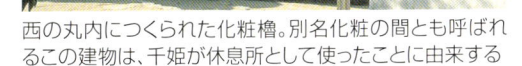

上空から見た姫路城。本丸に辿り着くためには決まった順路で移動しなければならない

実戦を想定した堅牢な城のつくり

輝政は、姫路城を改修する際の設計計画である縄張りをはじめるにあたって、天守閣を含む本丸を基点に、内濠、中濠、外濠の線が左回りの螺旋を描くように設計した。現在の姫路城の敷地は、内濠に掛かる橋を渡った内曲輪と呼ばれる内側の部分で、武家屋敷などがあった中曲輪と、商人や職人などが暮らす外曲輪が外に広がるつくりだった。**これが迷路のように機能していて、外から攻め込むことを考えた場合、一番外側の城である三の丸を突破できても二の丸、本丸へと攻め込むのは困難なのだ。**また、石垣をよじ登ろうとしても上に行くほど勾配が急になり、侵入することが難しい姫路城は、まさに難攻不落の城だったといえよう。

あれこれPoint! 3　白漆喰《しろしっくい》の美しさの理由

姫路城は、白漆喰塗籠造《ぬりごめづくり》という城の壁が白漆喰で塗られた建築技法が使われている。漆喰とは石灰を主原料とし、糊《のり》（海藻《かいそう》糊など）、スサ（ひび割れを防止するために入れる麻など繊維質の材料）を加えて水で塗り上げた塗り壁の材料のこと。防火性に優れていることや湿気を調整するなどの利点もあるが、白漆喰によって仕上げられた姫路城の優美さは、民衆を統治する上で都合が良かったともいえるだろう。

西の丸付近の漆喰壁

法隆寺地域《ほうりゅうじちいき》の仏教建造物《ぶっきょうけんぞうぶつ》

入口(中門)の前に建つ、遺産記念碑

登録内容

遺産種別	文化遺産
登録年	1993年
登録基準	1・2・4・6
登録遺産面積	コアゾーン15.3ha、バッファゾーン570.7ha
登録対象資産	法隆寺、法起寺
行政区分	奈良県:生駒郡 斑鳩町

八角円堂の「夢殿」

〝法隆寺ワールド〟と名づけたい、日本の夜明けの地

1400年の歳月を経て、今も生きている

世界最古の木造建築物を有することで、日本最初の世界遺産に登録された法隆寺。もと「斑鳩寺《いかるがでら》」といい、推古天皇と厩戸《うまやどの》皇子《おうじ》（聖徳太子）によって607（推古天皇15）年頃に完成した。その64年後、670（天智天皇9）年に焼失。7世紀末から8世紀初頭にかけて、現在の姿が形づくられていった。なお、法隆寺の創建と再建については謎が多く、解明されていない点も多い。

その中で、2001年に行われた五重塔の心柱のX線撮影では、年輪年代測定によって、その用材は594年のものであると判定された。これにより創建当時のままの建物なのか？ 転用なのか？ と意見もいろいろある。

どちらにしても仏教に基づく国づくりが、初めて着手された地に建つ寺院が、1400年の年月を経てそこに現存するのである。その熱い歴史を持つ〝法隆寺ワールド〟とも呼ぶべき中身を見てみよう。

1400年の歴史を持つ「斑鳩《いかるが》」の地名の由来とは？

720年に完成した日本書紀、その通釈（注釈書）には「斑鳩《いかるが》、鳥を以て名をせしなり…」とある。この鳥がどんな鳥であるか、またイカルガについての解釈も諸説ある。ただ現在も日本全国の山里に「イカル」という鳥がいる。漢字では「鵤《いかるが》」と書く国字《こくじ》まで生まれている。つまり、**奈良の地に「斑《まだら》な鳩《はと》」＝鵤《いかるが》がたくさんいたことから斑鳩《いかるが》の名前**がついたという解釈も一つであろう。ただし、600年代末にここにいた「斑鳩《いかるが》」と現在の「イカル」が同じ鳥であったかは、誰にも分かっていない。

厩戸《うまやどの》皇子《おうじ》（574－622年）は、601（推古天皇9）年にこの斑鳩《いかるが》（鵤《いかるが》）の地に宮室《みや》をたてている。現在の法隆寺の東院伽藍のある所である。妃としてこの地に近い平群《へぐり》郡から豪族の娘を娶《めと》ったことも要因とされている。

斑鳩町は、面積 14.27 km^2、人口 28,205 人（平成 29 年 3 月）。2 市 5 町に接している

法隆寺地域の仏教建築物の登録資産は「法隆寺」と「法起寺」の２寺

イカル
全長は約 23cm、太く黄色いクチバシがあり、羽にある白斑が特徴的

日本が目覚めた斑鳩の地の中核、法隆寺

斑鳩の町と西院伽藍

法隆寺は厩戸皇子（聖徳太子）の父である用明天皇が崩御した後、その遺詔《いしょう》により厩戸皇子と推古天皇によって建立されたとされている。

「法隆寺」と簡単に言うが、その寺院の面積は広大である。**敷地は約18万7千㎡、東京ドームが4個入る広さを持っている。**ここに1400年に渡り、堂塔が存続しえたのは200年〜300年ごとの大修理とその間に行われる小修理を地道に繰り返してきたからである。世界最古の木造建築群を支えてきたのは、寺僧であり、建築の技能者であり、浄財を寄せた時の権力者であったりと、多くの人々の献身的な努力と法隆寺そのものへの信仰があったからであろう。

法隆寺は、東院と西院に分かれているが、東院は斑鳩宮跡につくられた伽藍であり、五重塔などがある西院は7世紀から8世紀に建てられた伽藍である。

法隆寺を中からではなく、西院伽藍を見下ろすような場所から眺めると、**ここが日本の国づくりを初めて行った奇跡の地として見ることができ**、また仏教伝来後の始動の地として崇めることもできる。

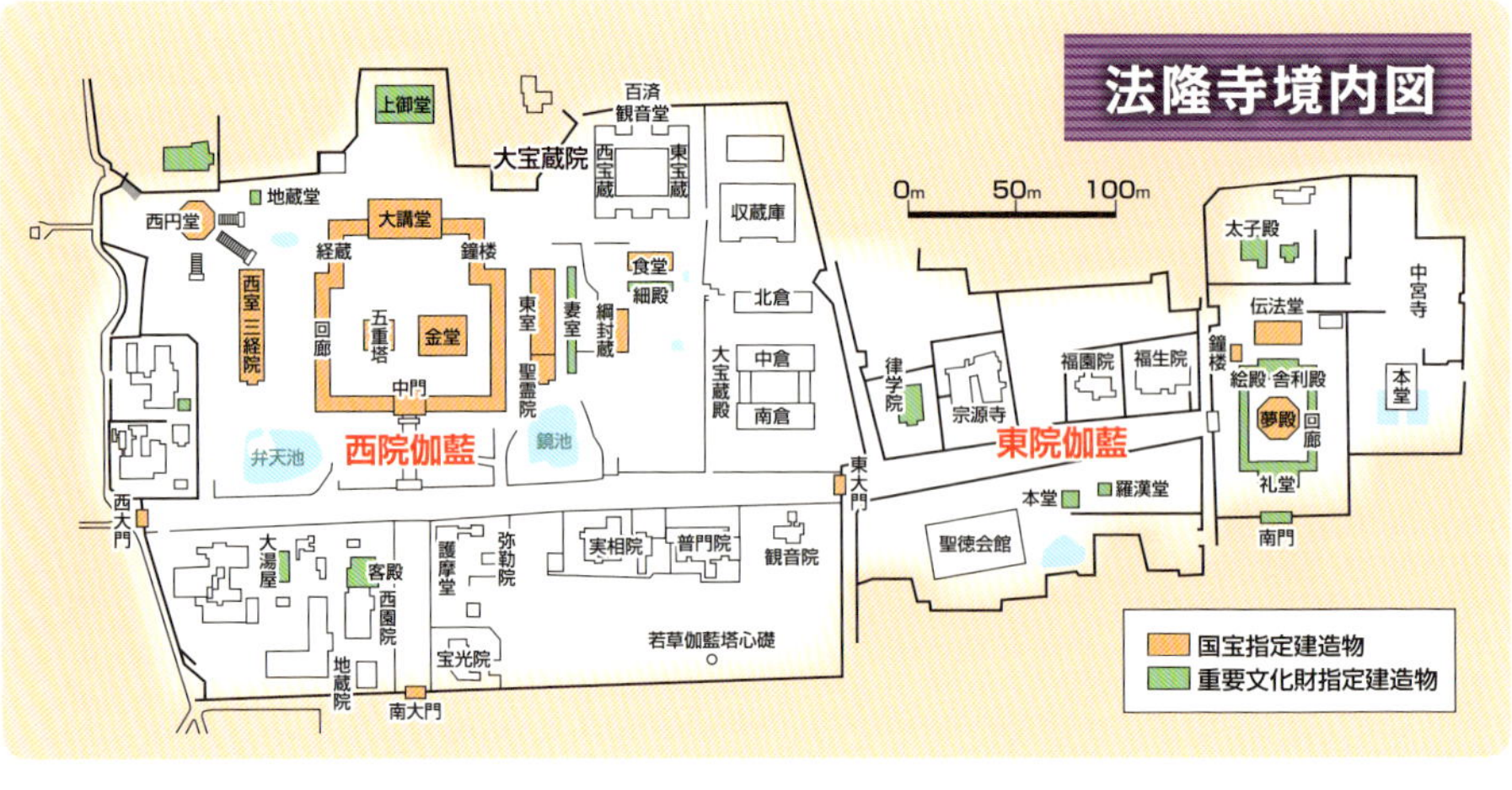

門、石畳、塔、堂、殿
廻廊、鐘、仏像…
一つ一つに歴史の重み

広大な法隆寺。南大門を通り、中門に向かう**石畳から“法隆寺ワールド”は始まっている。**飛鳥時代からこの道を歩いていたとしたら、どのくらいの人たちが歩いたことになるのだろう。

中門（国宝）までの石畳

西院伽藍の入口にあたるところが中門である。この門を背にして左に五重塔、右に金堂、正面が大講堂になる。これは**法隆寺式と呼ばれる伽藍配置**（P195参照）である。

五重塔は初層より二層目、二層目より三層目と層を増すごとに柱の間隔を狭め、屋根の面積を小さくし、雅な雰囲気を醸し出している。初層には東西南北のそれぞれに塑像があり、その北面には涅槃釈迦像《ねはんしゃかぞう》がある。金堂は、入母屋造りで中国・唐以前の様式を随所に残しており、国宝の仏像が数多く安置されている。

釈迦三尊像が安置されている、金堂（国宝）

高さ 32.5m の五重塔（国宝）

なるほどCheck!

「釈迦三尊像」のつくりを見る

金堂の本尊である、釈迦三尊像。中尊の左右に菩薩形の脇侍《きょうじ》を配し、大きな光背《こうはい》を背にしている。これは、厩戸皇子（聖徳太子）とその妃のために623（推古 31）年につくられたものであり、作者は止利《とり》仏師。

Photo by:Tokyo Bijutsu Gakko

名称解説

挙身光《きよしんこう》／仏から発する光をかたどって仏像の背に付けたもので、挙身光《きよしんこう》と後頭部だけに付ける頭光《ずこう》に分かれる。

白毫《びゃくごう》／眉間に白い毛が渦を巻いており、光を放ち世界を照らすとされている。

印相《いんそう》／仏像の手の組み方や指の曲げ方のこと。釈迦が施しを与えるときの施無畏印《せむいいん》、願うものを与えることを示す与願印《よがんいん》。二つはセットで表されることが多い。

伽藍《がらん》配置の変遷と法隆寺式

伽藍配置は、寺が創建された時代や立地条件、宗派などによって変わってくる。

法隆寺（斑鳩寺）は創建時、四天王寺と同じ中門、仏塔、金堂、講堂が一直線に並ぶ伽藍（若草伽藍）であったが、再建される中で現在の伽藍配置になったとされている。この四天王寺式は、朝鮮三国時代の百済の寺院に見られる形式である。

伽藍配置を見るときの一つのポイントは、仏塔（釈迦の墓所を意味する）。仏塔が1基か2基であるか、また回廊の外にあるか内にあるかで、その意味合いが変わってくる。

あれこれPoint! 1 伽藍とは？

伽藍は僧侶が集まり修行する清浄な場所を意味する。その後、寺院や寺院の主要な建物群を意味するようになったので、伽藍配置は主要な建物群の並び方ということになる。

中門を背にして左に五重塔、右に金堂、正面に講堂が見える

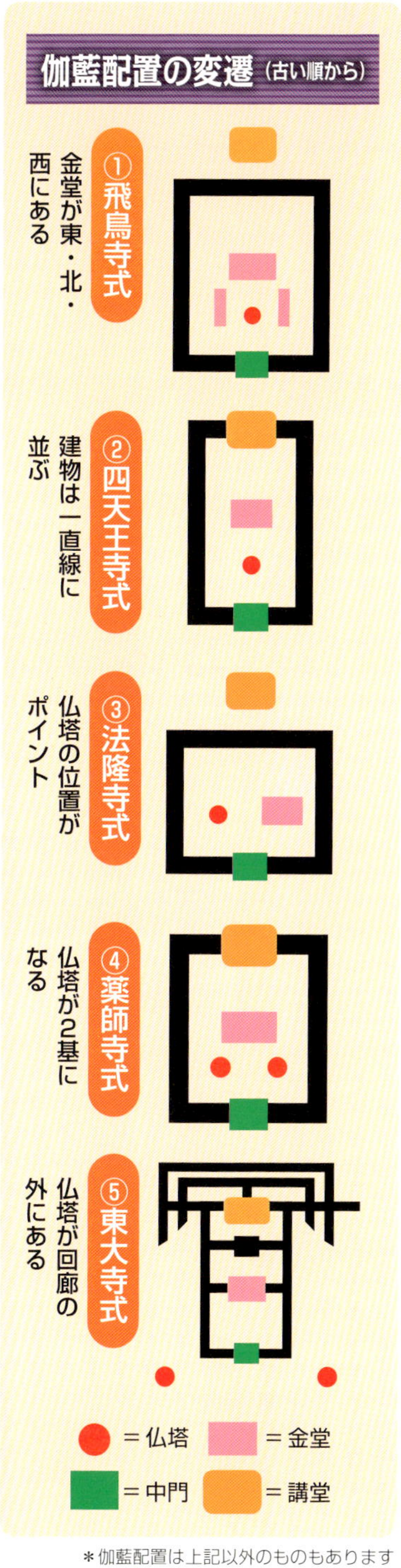

＊伽藍配置は上記以外のものもあります

仏教への想い！東院伽藍の「夢殿」

夢殿

Photo by:skl8em

夢殿は八角円堂で二重基壇。円堂は死者を供養するという意味合いの堂で、本尊は救世《くせ》観音《かんのん》像である。また、「東院資財帳」には、救世観音は太子の等身像であると記載も残されており、中央の仏壇にある八角の厨子の中に安置されている。

なお、東院は斑鳩宮跡に僧行信《ぎょうしん》が太子の遺徳を偲び、739（天平11）年頃に創建したものである。元は「仏殿」と呼ばれていたが、平安時代になってから「夢殿」と呼ばれるようになった。

*

法隆寺は訪れる度に発見のある寺院といわれている。国宝・重要文化財は点数で2300余点。数の多さもさることながら、一つ一つの重みが心に響いてくるからだろう。

Photo by:gtknj

東大門から夢殿までの参道。この道だけでも法隆寺の規模を感じさせる

あれこれPoint! 2 法起寺《ほうきじ》

もうひとつの登録資産、法起寺。622（推古天皇30）年の厩戸皇子（聖徳太子）の没後、太子の遺言により子息の山背大兄王《やましろのおおえのおう》が、かつて太子が法華経の講義をした岡本宮を法起寺に改めたと伝えられている。

飛鳥時代の面影を残す、日本最大級の三重塔は706（慶雲3）年頃に完成したといわれている。

伽藍配置は、法隆寺とは逆で、金堂を西に、仏塔を東に配している。

法起寺の三重塔は、三重塔としては、日本最古である

屋久島《やくしま》

山頂でむき出しに
なっている花崗岩《かこうがん》

登録内容

遺産種別	自然遺産
登録年	1993年
登録基準	7・9
登録遺産面積	コアゾーン10,747ha
登録対象資産	屋久島
行政区分	鹿児島県：屋久島町

花崗岩《かこうがん》で形成された、日本の縮図ともいわれる特有の植生

宇宙開発で有名な種子島の北西にある屋久島は、日本の島の中で9番目の大きさ。温暖湿潤気候に属しながらも、標高差によって平地と山頂の気温がまるで違う。そのため平地では亜熱帯性の気候であるが、山頂付近の年間平均気温は約5度となっている。この気温差は垂直分布に非常に強い影響を与えており、屋久島には亜寒帯から亜熱帯の植物が自生しており、狭い島の中に日本の縮図ともいわれる植物分布があるという。

また屋久島は、約１３００～約１４００万年前に、海底の堆積層を突き破りながら押し上げた花崗岩によって形成された。九州最高峰の宮之浦岳《みやのうらだけ》を中心とした山地で形成されており、洋上のアルプスとの呼び名もある。

こうした特有の自然環境により、屋久島には世界でここにしかいない固有種47種が確認されており、過去に陸地とつながったことのある島でこれほど多くの固有種を抱えるところは類を見ない。現在でも新種の動植物が発見されることがあるという。

洋上のアルプスに受け継がれる巨木の原生林

苔《こけむ》生した老木と巨岩が悠久の時を感じさせる

島のあちこちに点在する花崗岩

屋久島はほぼ全域が山地であり、**ほとんどが花崗岩で形成されている島**である。屋久島の花崗岩は岩石に含まれる長石が大きいことから「屋久島花崗岩」と呼ばれることもあるが、石としての強度や粘りが低いことから石材としての利用は少ないという。

花崗岩は火成岩《かせいがん》と呼ばれるマグマが冷え固まった岩石で、深成岩《しんせいがん》というグループに属している。**一般的な堆積層のように栄養分があるわけでもなく、保水力があるわけでもない**ため、植物の生育には全く適していない性質だ。

島の創生当時の花崗岩は、現在でも宮之浦岳などの山頂付近で見ることができ、点在する花崗岩の存在感は迫力に満ちている。

九州地方最高峰の宮之浦岳。点在する白い岩石はすべて花崗岩

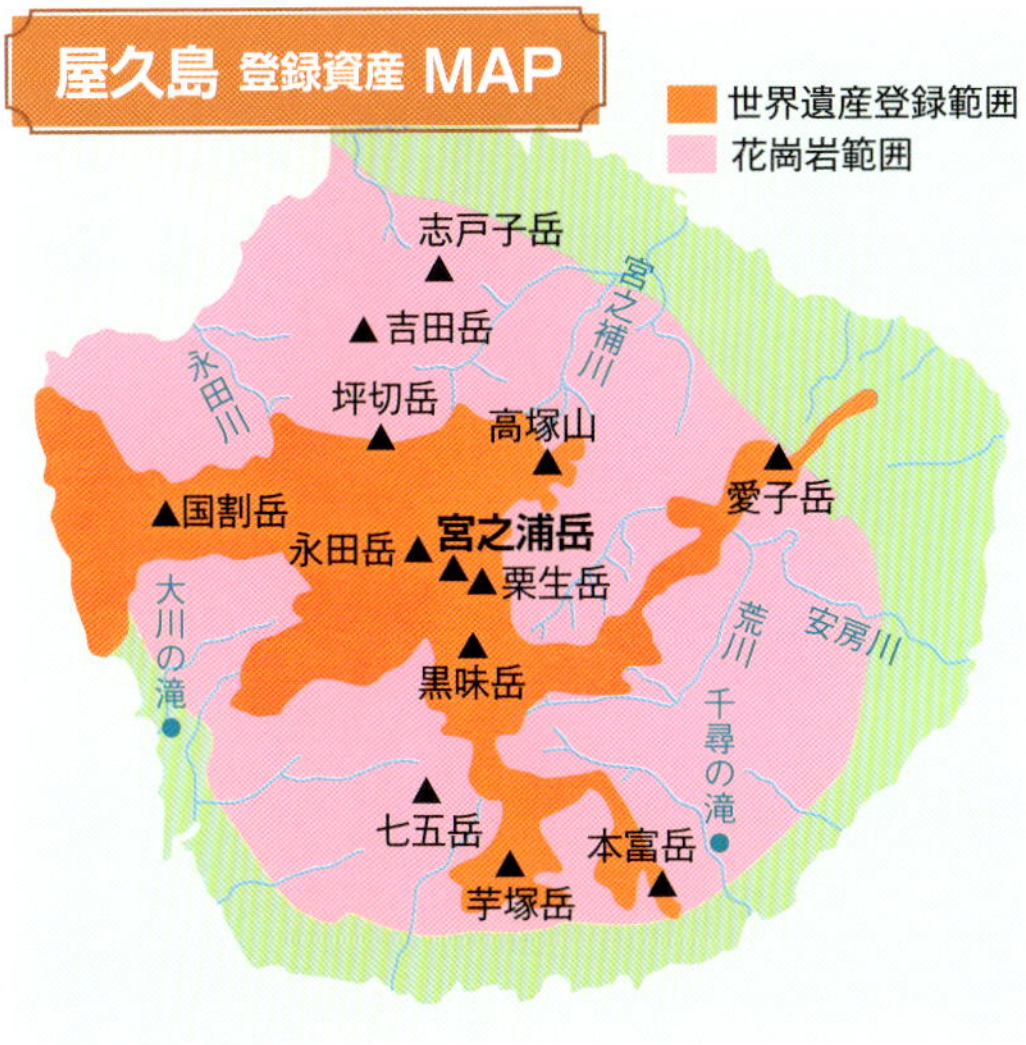

花崗岩以外にも、堆積層がマグマの熱を受けて変性したホルンフェルスを確認することができ、地学的に見ても面白い岩石類を見ることができる。ホルンフェルスは非常に硬い岩石であり、タングステンの鉱脈があることでも知られている。

急激な標高差が生む日本の縮図と称される植生

　屋久島は亜熱帯の北端に位置する島である。**平均気温が20度に近い海岸線付近ではハイビスカスやブーゲンビリアなどの熱帯性の花**がある一方、常緑照葉樹林の一種であるガジュマルも見られるなど、亜熱帯的な植生になっている。標高が上がるにつれて植生は変化し、**屋久杉が見られるのはだいたい標高500mを超えたあたりから。**標高1000mまではカシのような照葉樹林と屋久杉が混じる森が広がるという。

　このように植生が変化するのは、標高差による気温の影響を強く受けるからである。平地の平均気温が20度でありながら、**山頂付近の平均気温は約5～6度と、北海道よりも低くなる。**そのため、屋久島には標高によって日本全国の植物が自生しているような状況になっているのだ。ただ、屋久島にはブナのような**落葉性広葉樹林の代わりに屋久杉林が広がっている**という違いがある。

　また、屋久島の植物、特に高山域のものは、ほかの地域で自生する近縁種に比べて小型化する傾向がある。小型化の原因はまだ完全に解明されていないが、葉の部分から小さくなるようだ。

あれこれPoint! 1　冬になれば雪が積もる屋久島の山々

最高峰・宮之浦岳は山頂の年間平均気温が約5～6度と、北海道札幌市よりも低くなっている。そのため、九州であるにも関わらず冬になれば積雪が観測されることもあるという。

朽ちた切り株に積もる雪

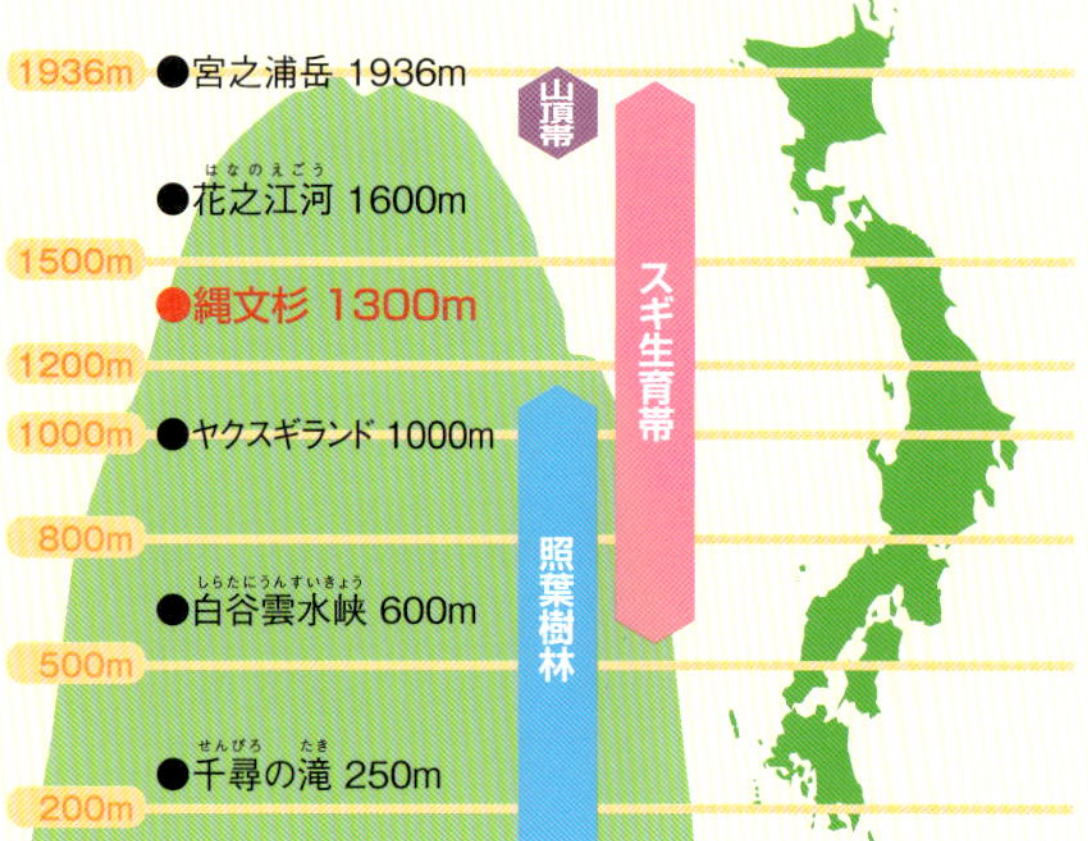

屋久島に降る雨は、植物を潤すだけでなく、名水として利用されることもある

多雨で支えられる植物

明治時代の小説家・林芙美子《はやしふみこ》は小説「浮雲」で**「屋久島は月のうち三十五日は雨という位でございますからね」と記している。**実際に屋久島の降水量は、平地でも2500〜5000㎜、山間部では5000〜7500㎜もの年間降水量を誇るという。

屋久島が日本一の降水量である理由は、**暖流と山々にある。**屋久島の周辺には暖流がある影響で海水温が年間平均で18度という温かな海になっており、この海から出る水蒸気が山の斜面を昇って雨雲になるのだ。

栄養分に乏しい屋久島に多くの植物が自生できるのは多雨があるからであり、島を象徴する屋久杉の生育にとっても重要な要素だ。

屋久杉長寿の秘訣は「遅い成長」と「樹脂」にあった！

屋久杉は地名が付いている固有の杉に思われるが、日本全国にある杉と同一の種類である。しかし、日本全国の杉の寿命が数百年前後なのに対し、屋久杉の寿命は数千年以上になるなど桁外れに長い。

花崗岩の大地は栄養分が少なく、豊富に降る雨は栄養分を洗い流してしまうという。また雨は、花崗岩によって磨かれて**ミネラル分が極端に少ない軟水になる**といい、植物の生育にとっては都合の良くないものになる。このような環境に置かれた屋久杉は、気が遠くなるほどゆっくりと成長するため年輪が緻密になり丈夫な木になるという。また、豊富な雨は高い湿度を生み出すことから木は腐りやすくなってしまう。しかし、屋久杉には優れた殺菌・殺虫効果を持つ樹脂が大量に含まれているため腐りにくい木に育つ。

つまり、**屋久杉はゆっくり成長するため材質が緻密で、樹脂を多く含むことから長生きできる**のである。

推定樹齢 7200 年の縄文杉
屋久島では樹齢 1000 年以上の杉を「屋久杉」と呼び、1000 年未満の杉を「小杉」と呼ぶ

なるほどCheck! 約600種類の苔は屋久島の植物を支える土台

倒木に生えた苔は次世代の杉の土台となり、やがては倒木とともに分解される

苔と倒木がつくり出す次世代の杉

花崗岩と豊富な雨により栄養分が少なくなっている屋久島だが、日本に自生する約5分の1もの種類の植物がある。栄養のない場所にこれほど多くの植物が育つ理由は、屋久島にあるおよそ600種類もの苔にあるという。

湿度の高い屋久島では、花崗岩や倒木などのいたるところが苔に覆われている。保水力の高い苔は屋久島の土壌の代わりになっており、屋久杉やほかの植物を支える縁の下の力持ちのような役割を果たすのだ。屋久杉の表面にも苔が生えることがある。一見すると栄養分を奪っているようにも見えるが、苔は殺菌効果があるため屋久杉にとっては都合が良いのだという。

倒木の表面にも苔が生えることもあり、この苔と倒木を土台として新しい屋久杉が芽生えることもあるという。芽吹いた屋久杉は苔と倒木を栄養分としてゆっくりと成長し、土台になった倒木は苔とともに分解され空洞になる。こうした現象を倒木更新《とうぼくこうしん》といい、苔が関与する生態系の一例である。

屋久杉に生える苔の一種。また、屋久島は日本一苔の種類が多い

困難を乗り越え次世代へ受け継がれる屋久島の遺産

屋久島にある巨大な切り株「ウィルソン株」は、**豊臣秀吉の命令で、京都の方広寺建立（大阪城の築城とも）のために切り倒された屋久杉**であり、内部は空洞で、広さは十畳ほどある巨大な切り株である。

江戸時代には屋久島住民の薪材や、輸出品として屋久杉は伐採・加工されていたといい、腐りにくい屋久杉は建材としての需要が高かったという。屋久島の森は大正時代、木材の利用開発を進める一方で原生林の永久保存を決定。樹齢1000年を超える木の伐採は禁止された。しかし、戦後復興で木材需要が高まると屋久島の原生林は伐採されてしまう。

こうした原生林消滅の危機を乗り越えて、**1993（平成5）年に屋久島は、白神山地とともに世界自然遺産の登録を受けた。**しかし、自然遺産に登録されたことが保護活動の終わりではない。これから先も屋久島の自然を守っていく姿勢こそが重要なのである。

あれこれPoint! 2 奇抜な形の二代大杉は「小杉」

小杉とはいえ、樹齢は数百年を超えるという

根元近くと枝先では著しく太さが異なる二代大杉は、切り株更新という世代交代を示す好例として知られている。原理としては倒木更新と同じだが、現在見えている杉の樹齢は1000年未満であるため「屋久杉」ではなく「小杉」に含まれている。

ウィルソン株
アメリカの植物学者、アーネスト・ヘンリー・ウィルソンによって発見されたことからこの名が付いた